MW01165630

Cada día con

AMOR Y RESPETO

Cada día con
AMOR Y
RESPETO

Devociones buenas para él, encantadoras para ella

DR. EMERSON
EGGERICHS

GRUPO NELSON
Una división de Thomas Nelson Publishers
Desde 1798

NASHVILLE   DALLAS   MÉXICO DF.   RÍO DE JANEIRO

Editora General: *Graciela Lelli*
Traducción: *Enrique Chi*
Adaptación del diseño al español: *Grupo Nivel Uno, Inc.*

ISBN: 978-1-60255-736-9

Impreso en Estados Unidos de América

12 13 14 15 16 QG 9 8 7 6 5 4 3 2 1

Por sus incansables esfuerzos
en la edición del presente libro devocional,
expreso mi más sincero agradecimiento
a Fritz Ridenour, mi amigo y colega,
y dedico este libro a su amada esposa, Jackie Ridenour.
El 19 de diciembre de 2009, Jackie puso pies en la costa,
y le pareció como el cielo,
respiró aire nuevo y le pareció celestial.

CONTENIDO

CONTENIDO

INTRODUCCIÓN

Se busca: Un libro devocional favorable a los esposos

PRIMERO, UNA PALABRA PARA LOS ESPOSOS:

Caballeros, ¿a qué me refiero con «un libro devocional favorable a los esposos»? Conozco a muchos hombres que sienten que los libros devocionales para parejas se inclinan más hacia la mujer. Por eso es que muchas de las ilustraciones e historias que hallará en estos devocionales se inclinan hacia el varón. No es mi intención darle un indulto especial a los hombres, ni tampoco ser más duro con las mujeres. No conozco ningún hombre de buena voluntad que desee que a su esposa se le trate de modo injusto. Pero al mismo tiempo, los hombres tampoco quieren recibir trato injusto. Una de las razones clave del éxito de *Amor y Respeto* es que es justo y equilibrado. Por ello, muchos hombres se entusiasman con la idea de ser respetados y esto les motiva a amar a sus esposas y tratarlas como sus iguales. Espero que las esposas disfruten del desafío de ser iguales a sus esposos al desarrollar estos devocionales juntos.

En los recorridos por el país para dictar nuestras conferencias de Amor y Respeto, Sarah y yo hemos escuchado que las esposas desean tener tiempos devocionales con sus esposos, pero que los esposos se apartan de esa idea. ¿Acaso la mayoría de los esposos que evitan los tiempos devocionales con sus esposas lo hacen porque no son buenos cristianos que creen las Escrituras y desean seguir a Cristo? Eso no lo creo ni por un instante. Sin embargo, muchas parejas me han dicho que el esposo típico no halla que el libro devocional para parejas típico sea muy interesante, ni muy favorable. Después de unos cuantos intentos, él sencillamente halla otras cosas que hacer.

Creo que sé la razón de ello. La mayoría de las mujeres experimenta una conexión emocional y espiritual con el esposo cuando oran y leen las Escrituras juntos. La mujer típica se siente revigorizada por el devocional típico para parejas porque ella está más que dispuesta a compartir sus sentimientos, sus debilidades y sus necesidades con el fin de sentir unidad en su matrimonio. Y ella espera lo mismo de su marido.

Pero si usted es el marido típico, no se siente el mismo entusiasmo por ser tan transparente así, y tampoco estima que éste sea el propósito primordial de un libro devocional para parejas. Esto lo sé porque yo tampoco me levanto por las mañanas con este tipo de mentalidad. En lugar de ello, pienso en cumplir mis responsabilidades en mi esfera de acción. Al igual que muchos hombres cristianos, prefiero orar acerca de lo que dicen las Escrituras y de cómo se aplica ello a las tareas del día y luego encomendarlas en manos de Dios.

Pero si detecto que Sarah pudiera estar utilizando nuestro tiempo de oración para corregirme o cambiar mi comportamiento a fin de que se ajuste a las percepciones Rosa que ella tiene, automáticamente me resisto a acceder. ¿Significa esto que no me interesan las necesidades de Sarah o del resto de la familia? Por supuesto que no, pero mi punto es el siguiente: cuando me enfoco en Jesús en nuestros tiempos de oración, estoy mucho más abierto a escuchar su voz en relación con algo que yo pudiera estar haciendo y que incomode a Sarah. Quiero recibir corrección, pero no como resultado de sus esfuerzos por cambiarme durante nuestros momentos devocionales. Los cambios suceden porque Dios ha hablado a mi corazón a través de su Palabra.

Estoy agradecido de que ninguno de nosotros intenta usar los tiempos devocionales para cambiar al otro. Sarah está comprometida con dejar que Dios sea Dios en mi vida, y yo estoy comprometido con dejar que Dios sea Dios en su vida. Nuestro intento consciente de abordar nuestros devocionales con esta actitud está rindiendo dividendos jugosos. Lo recomiendo enfáticamente, y también recomiendo las «Opciones para emplear este libro bajo sus propios términos» (página XXXX), sección repleta de ideas para el empleo de los cincuenta y dos devocionales contenidos en el presente libro con el máximo provecho en su búsqueda de que Dios obre en ustedes dos y a través de ustedes dos.

Y AHORA UNA PALABRA PARA LAS ESPOSAS:

Damas, ¿me permiten ser gentil y amorosamente honesto con ustedes? Lo que voy a decir podría sonar severo, pero por favor, escúchenme. Si ha asistido a alguna conferencia de Amor y Respeto o si ha leído el libro, ya conoce el principio del Rosa y Azul. Como mujer, usted aborda los devocionales con un punto de vista Rosa que es muy diferente del punto de vista Azul de su esposo, y esto puede causar problemas, como ya he mencionado.

De hecho, pudiera bien ser que su marido tan grande y fuerte viva con temor de su desaprobación o crítica. En muchas parejas, la esposa está mejor versada en la Biblia que el esposo, y encima de ello, él no se siente capaz de orar «igual de bien». En pocas palabras, los devocionales le hacen sentirse vulnerable, como que se encuentra en una situación que revela sus fallas e imperfecciones. A nadie, sea Azul o Rosa, le gusta encontrarse en este tipo de posición. Es contraria a la naturaleza humana.

Pero una amenaza más fuerte en contra del éxito de un devocional es el deseo natural Rosa de «conectarse» con Azul mientras tienen un devocional juntos. Ella imagina la hora del devocional como una oportunidad para hablar con su esposo y compartir sus sentimientos, con la esperanza de que él haga cambios que la hagan sentirse más amada. Comprendo su corazón de mujer, pero la hora del devocional no debe concebirse como un vehículo para el enriquecimiento o terapia matrimonial.

¿Acaso estoy diciendo que sentirse conectada emocionalmente con el esposo durante un devocional es algo prohibido por Dios? Por supuesto que no, pero que esto sea un producto secundario, no la meta principal. Me hallaba tratando de explicar este punto una vez que Sarah y yo cenábamos con unos amigos durante la redacción del presente libro. Para ayudar a la esposa a procesar lo que estaba diciendo, le pregunté si podía emplear un ejemplo exagerado. Ella accedió, así que dije:

—¿Qué dirías si tu esposo quisiera tener relaciones sexuales inmediatamente después de haber tenido un devocional contigo?

Ella frunció el ceño y respondió:

—Pues de ninguna manera. Ahh, ya comprendo.

—Correcto —respondí—. El devocional se trata de que los dos estén buscando a Cristo, no de establecer una conexión sexual o emocional. Eso podría suceder, pero no es la meta.

Sintiéndome animado, decidí establecer un punto adicional.

—De modo similar —dije—, permíteme tratar de explicar lo que los hombres grandes y fuertes sentimos cuando nuestras esposas nos empujan a leer libros devocionales juntos para que «nos conectemos». ¿Qué dirías si tu esposo te dijera: «Oye, hace una semana que no leemos ese libro de régimen de dieta que te compré»?

Ella se echó a reír.

—¡Eso es patético! —dijo.

—Sí, lo es —respondí—. No es que quiera comparar devocionales con libros de dieta, pero sí quiero comparar la sensibilidad de las mujeres a mensajes de desaprobación con la sensibilidad de los hombres. Desconozco todas las razones por las cuales los devocionales para parejas resultan infructuosos con muchos hombres, pero creo que el problema radica en el temor que siente el esposo de ser desaprobado por la esposa. No es que él no tenga interés en Cristo sino que le desagrada la idea de que es necesario que gratifique a su esposa en lo emocional mientras tienen un devocional juntos. Por el temor de fracasar y ser criticado, deja de tener interés en el devocional.

—Realmente lo comprendo —dijo ella, con una sonrisa—. Veo con claridad lo que quieres decir.

Damas, quizás algunas de ustedes opinen que estoy exagerando este asunto, pero por favor escuchen lo que hay en mi corazón, como si yo fuera un hermano mayor que les ama entrañablemente. Vean este libro como una oportunidad de tener cincuenta y dos horas devocionales con sus esposos. No estimen que alguno de los devocionales será algo que Dios utilizará para motivar a sus esposos a amarles más. He visto a muchos hombres que al sentir ese tipo de presión, tienden a alejarse, aplastando así el espíritu de sus esposas que anhelan leer pensamientos bíblicos y orar con ellos. He intentado hacer que estos devocionales sean lo más atractivos a los varones dentro de lo posible y, a la vez que sean interesantes para las esposas. Por favor lean la sección: «Opciones para emplear este libro bajo sus propios términos» (página xvii) para más información sobre cómo Sarah y yo hemos abordado los devocionales a través de los años, al igual que muchas otras ideas que pudieran serles útiles. Utilicen estos devocionales con la meta de unirse a sus esposos y creer que Dios hará algo maravilloso. Permítanle hacer una obra; ¡les garantizo que la hará!

Y FINALMENTE, UNA PALABRA PARA LOS DOS:

Obviamente, si buscamos tener libros devocionales adecuados para los esposos, tendrán que ser diferentes. Le estoy apostando a mi convicción de que si podemos crear devocionales adecuados para los esposos, las esposas participarán con ellos gustosamente. Recuerde que la premisa del Amor y Respeto es que si la esposa respeta a su marido, él le mostrará amor verdadero a cambio; y si el esposo realmente ama a su esposa, ella le mostrará respeto verdadero. Sí, estoy consciente de que esta premisa no conlleva una garantía absoluta. Siempre hay excepciones, papeles trastocados, matrimonios con problemas que requieren de tiempo para resolverse. No obstante, la premisa del Amor y Respeto ha funcionado para miles de parejas. Ha funcionado para Sarah y yo. Y puede funcionar para usted también, si persevera, dedicándole tiempo a revisar los cincuenta y dos devocionales de este libro.

Algunos preguntarán: «¿Por qué no son más? ¿Por qué no son 365, como otros libros devocionales para parejas que hemos visto?» Nuevamente, nuestras investigaciones nos indican que las parejas de esposos no desean tener que tratar con tanto volumen de materia, ni con tanta frecuencia. De modo que consultamos los resultados de las encuestas de miles de parejas que han asistido a alguna conferencia de Amor y Respeto, han leído el libro o han visto el DVD. Estas parejas nos han dado comentarios valiosos en cuanto a lo que funciona para ellos y los desafíos y obstáculos que aún deben vencer. Tomamos las preocupaciones más grandes que salieron a la luz en las encuestas y desarrollamos cincuenta y dos devocionales que analizan pasajes de las Escrituras y principios importantes para el amor y el respeto en el matrimonio.

Mientras redactaba los devocionales, traté de que fueran breves, pero que ofrecieran sustancia suficiente para personas ocupadas que siempre están en marcha. Cuando le daba forma a los diferentes temas, me parecieron como «mini-capítulos», y así quedaron organizados: cincuenta y dos capítulos breves, cada uno de ellos una experiencia completa para el repaso de cada uno de los principios de Amor y Respeto mientras que la pareja se abre a lo que la Palabra de Dios tiene que decir a cada cónyuge de modo individual y luego a los dos como pareja.

Me siento confiado de que si pasan tiempo devocional juntos, el Señor les hablará desde su Palabra y se acercará a ustedes en la medida que ustedes se acerquen a él. Solo recuerde la norma principal (en realidad, la única): comparta lo que Dios le está diciendo a su corazón, no lo que usted piensa que Él debe decirle a su pareja.

Así que, empecemos. Ponga a prueba mis devocionales adecuados a los esposos mientras los dos buscan crecer en Cristo al repasar, asimilar y poner en práctica conceptos claves de Amor y Respeto.

≈

Nota: Todos los devocionales que contiene este libro se basan en principios de Amor y Respeto. Si usted no está familiarizado con las ideas de Amor y Respeto, puede obtener un repaso breve en el apéndice B: « Los tres ciclos de Amor y Respeto» (página XXX).

OPCIONES PARA EMPLEAR ESTE LIBRO BAJO SUS PROPIOS TÉRMINOS

Al trabajar con mi equipo creativo en el desarrollo de devocionales realmente diferentes para parejas de esposos, desarrollamos varias opciones en cuanto al uso de los mismos.

1. *Considere usar estos devocionales por separado para luego reunirse y comparar sus anotaciones.* Nuestras investigaciones nos dicen que a las parejas no siempre les resulta fácil «hacer un devocional». De hecho, lo que ocurre es lo opuesto. Cuando preguntamos a los ministros de varias iglesias cuántas parejas tienen devocionales juntos, la respuesta fue «muy pocas».

   El director del ministerio de matrimonios de una mega iglesia me dijo: «Los devocionales para parejas más exitosos parecen ser aquellos en los cuales la pareja no necesariamente lee el devocional al mismo tiempo. Sé que eso suena contrario a lo que estamos tratando de lograr, pero la mayoría de las parejas que he aconsejado a través de los años me han dicho: "Es verdaderamente incómodo sentarse y leer un devocional juntos y luego de haberlo leído ninguno de los dos saber qué decir". Empecé por recomendarles que lo leyeran separadamente y luego hablaran de lo que leyeron durante la semana. Así no se sentirían forzados."

Sarah y yo concordamos con esta idea por un par de razones. En primer lugar, no hay declaración directa en las Escrituras que mande a las parejas de esposos a tener devocionales juntos (para más sobre este tema, consulte el apéndice C: «Devocionales para parejas casadas: ¿Es mandamiento o sugerencia?», en la página 281XXXX). En segundo lugar, al principio de nuestro matrimonio, Sarah y yo no teníamos devocionales juntos. Hablamos de ello y decidimos tenerlos por separado para luego compartir el uno con el otro lo que habíamos aprendido. Sarah se sintió aliviada por ello, diciendo que eso le quitaba un peso de encima.

En cuanto a orar juntos, eso sí lo hacíamos, pero rara vez oramos por nuestro matrimonio, porque sentimos que resultaba muy fácil orar «dándole indirectas» al otro, haciendo que uno de nosotros se sintiera juzgado. En lugar de ello, orábamos por nuestro ministerio y por personas que padecieran necesidad, y conforme fueron llegando los hijos, orábamos por ellos y por otros asuntos familiares.

Aun hoy, con frecuencia leemos las Escrituras y otros materiales solos para luego compartir nuestras notas. Y cuando oramos, siempre procuramos no «lanzarnos indirectas». Si usted es recién casado o apenas está empezando a explorar el concepto de tener devocionales como pareja, ¿acaso le estoy recomendando que imite nuestro procedimiento? No necesariamente, pero sí quiero que sepa que tiene esa opción. Usted y su cónyuge tienen la libertad de desarrollar su vida devocional de la manera que les rinda los mejores resultados. Sin embargo, sí creo que debido a que todos estos devocionales están diseñados para repasar o reforzar los principios del Amor y Respeto, es importante que en algún momento exploren estos principios juntos, pero esto solamente después de que cada uno de ustedes haya considerado lo que Dios les quiere enseñar de modo individual. La meta principal de su hora devocional es experimentar el amor de Cristo. Su enfoque deberá ser vertical, no horizontal.

2. *Utilice estos devocionales a su propio ritmo y según su propia conveniencia.* Como puede ver, estos breves capítulos devocionales sin fecha no están organizados para utilizarlos tipo calendario diario o semanal. Obviamente, debido a que son cincuenta y dos, la idea de examinar uno por semana viene a la mente, pero tal cosa no es obligatoria. Ustedes dos deberán decidir la frecuencia con la cual tienen su devocional, la hora del día en el cual lo tienen y la forma de abordarlo. Tal vez deseen intentar el método de hacerlo por separado y luego comparar anotaciones como lo describimos previamente. O tal vez se sientan bastante cómodos haciéndolo juntos. El mejor método es el que funcione para los dos.

A continuación ofrecemos una sugerencia de cómo llevar a cabo un capítulo por semana. Este plan está diseñado para una pareja dispuesta a intentar los devocionales pero que tiene ciertas reservas al respecto debido a problemas o aun fracasos previos. A este método lo podríamos llamar «entrando al agua poquito a poco». A continuación damos los pasos recomendados, los cuales podrá seguir, adaptar, o modificar, según lo que le parezca más cómodo.

- Elijan avanzar un capítulo (devocional) por semana.
- Empiecen con el capítulo 1, el cual está diseñado para lanzar la experiencia de Amor y Respeto. Después de eso,

pueden emplear los demás devocionales en el orden que les plazca, hasta el capítulo 52, el cual está diseñado para concluir este libro.

- Acuerden leer el devocional por separado, según lo permitan sus propios calendarios. Mediten y oren a solas sobre el contenido. Tomen notas de lo que deseen compartir, pero de común acuerdo y solo por cierto período —de hasta varios días— trabajen solos, dejando que Dios les hable de modo individual acerca de su matrimonio.

  Hay quienes prefieren no pasar de este punto por al menos un tiempo. En la medida que los cónyuges se acostumbran al material, podrán sentirse listos para compartir el uno con el otro. No se apresuren a dar este paso. Sencillamente permitan que suceda. Acuerden no juzgarse el uno al otro si uno de los dos no desea continuar con lo que se recomienda a continuación.

- En algún punto durante la semana, reúnanse para compartir lo que Dios les ha estado diciendo por separado. Lean el devocional juntos y compartan las observaciones o preguntas que hayan anotado.

- Hablen acerca de la Perspectiva (el texto encerrado en un cuadro que resume la verdad compartida en el capítulo). Oren, pero solo en una manera que les resulte cómoda. Utilicen la sugerencia de oración o sus propias ideas. Sean conscientes del peligro de orar «lanzándose indirectas» el uno al otro, al pedirle a Dios de modo tenue (o no tan tenue) que cambie a la otra persona conforme a sus propias convicciones.

- Piensen en el elemento de Acción que aparece al final del capítulo. Algunos de éstos son sugerencias sencillas que los cónyuges pueden aplicar de modo individual según les parezca. Otros elementos de Acción recomiendan hablar juntos, y si desean ampliar esta conversación, se pueden consultar las preguntas para análisis dadas en el Apéndice A. Este apéndice incluye varias preguntas correspondientes a los cincuenta y dos capítulos que proporcionan material de estudio adicional y aplicaciones de la verdad compartida por el devocional cada semana.

Este es tan solo un plan de uso de los devocionales contenidos en este libro. Creo que aquí hay material suficiente para casi toda pareja, desde los que están apenas empezando a tener devocionales juntos hasta las parejas veteranas que los han tenido por años.

No importa el enfoque que adopten, determinen de antemano que no se desanimarán si en alguna ocasión no logran tener su devocional por la razón que sea. La vida es ocupada. Usted y su familia tienen calendarios abultados. Lo importante es persistir trabajando en ello. Permitan que el Señor les cambie, pero no traten de cambiarse el uno al otro. Sean pacientes y confíen en Él. La meta es tener cincuenta y dos devocionales con su cónyuge en los cuales los dos aplicarán principios de Amor y Respeto y se enfocarán juntos en Dios. Mi oración es que estos devocionales les inspiren, les recuerden y les equipen para vivir la palabra más importante que Dios ha dado a la iglesia en cuanto al matrimonio, según lo expresa Efesios 5.33. ¡Oh, qué recompensa les espera!

CAPÍTULO 1

Y VIVIERON FELICES PARA SIEMPRE... NO NECESARIAMENTE

PROVERBIOS 24.16:

Porque siete veces cae el justo, y vuelve a levantarse

Una de las preocupaciones más grandes en Amor y Respeto no es que los individuos escuchen el mensaje, aunque esto es importante, sino que las parejas que asistan a una conferencia o lean uno de los libros lleguen a practicar el amor y respeto de modo eficaz en sus vidas diarias. Por supuesto, reconozco que toda pareja se preocupa por esto mismo, y por eso mi corazón se conmueve por aquellos que se comunican conmigo para decirme que «lo captan» pero que no logran «permanecer» en ello de modo consistente. Han aprendido que Amor y Respeto suena como algo sencillo, pero que no es tan fácil de llevar a cabo. Tal vez una mejor frase para describirlo es que resulta «no natural». Lo comprendo. Para Sarah y para mí tampoco resulta fácil ni natural, ¡y hemos celebrado conferencias de Amor y Respeto más de doscientas veces en los últimos diez años!

Estas son algunas de las muchas confesiones que he escuchado de muchos cónyuges que están luchando:

- «Estoy orando con desesperación que el Espíritu Santo me ayude a cambiar y a ser una esposa más respetuosa. No ha sido fácil, y fracaso con mucha más frecuencia que lo contrario».
- «Amor y Respeto funcionan a las mil maravillas cuando lo practicamos, pero no somos consistentes en ello. Cuesta no regresar a los patrones de conducta antiguos. Soy tan defensivo que no es ni gracioso».
- «De continuo me asombra lo rápidamente que caemos en el Ciclo Loco. Me dan ganas de llorar cuando pienso en lo mucho que mi nivel de conocimiento sobrepasa a mi nivel de obediencia».*

En este momento, usted podría estarse preguntando: *¿Por qué Emerson empieza este libro con tales malas noticias de las parejas que han fracasado? ¿De qué manera nos ayuda esto a* nosotros?

Escúcheme: No estoy tratando de *desanimarle;* sino que quiero *animarle* al decirle de buenas a primeras que Amor y Respeto no es una bala mágica. Los pondrá a prueba y hallará que no siempre los practicará a la perfección. Reconocer esta verdad y utilizarla es una fuente de mucha fuerza y poder. Me encanta Proverbios 24.16 porque me da mucha esperanza. La buena gente no es perfecta, pero Dios dice: «Porque siete veces cae el justo, y vuelve a levantarse». ¿Y cómo es que uno «vuelve a levantarse»? He aquí tres pautas para ello:

PERSPECTIVA: En el matrimonio no cabe la idea de nunca caer; sí la de siempre recuperarse.

1. *No se dé por vencido.* Si desea tener un matrimonio fuerte, le será necesario aceptar que los reveses temporales son parte del juego. En términos del fútbol *soccer,* siga tirando al arco.

---

* Si desconoce el término Ciclo Loco, vea el apéndice B, página 273.

De acuerdo a las estadísticas del fútbol *soccer*, aún los jugadores más «goleadores» han fracasado en el intento de hacer un gol cada vez que lo intentan. Se dice que Pelé convirtió más de 1200 goles en toda su carrera; sin embargo, trató de hacerlo más del doble de veces. No se dé por vencido. Siga tirando al arco contrario.

2. *Busque el perdón de Dios y de su cónyuge.* Una esposa escribe: «He fracasado en el intento de comunicar respeto a mi esposo. Le he pedido al Señor que me perdone y estoy preparando un email para pedirle a mi esposo que me perdone también». Un esposo indica: «Ahora sé cómo he fracasado en mi papel de esposo, amigo y amante, y le he pedido perdón a Dios y a mi esposa». Efesios 4.32 lo dice todo: «Antes sed benignos unos con otros, misericordiosos, perdonándoos unos a otros, como Dios también os perdonó a vosotros en Cristo». Sarah y yo frecuentemente nos hallamos acudiendo el uno al otro para decir: «Lo siento, nuevamente».

3. *Pida a Dios que le lleve de la mano.* Salmo 37.24 promete que aunque tropiece, no quedará postrado porque el Señor sostendrá su mano. Necesitamos la mano ayudadora de Dios, la cual siempre está allí para nosotros, si le pedimos con humildad y confianza que nos guíe.

Los cuentos de hadas siempre terminan diciendo: «Y vivieron felices para siempre». Sabemos que eso no es cierto porque los resbalones, tropiezos y caídas se manifiestan en toda clase de maneras locas. La vida no es asunto de lograr una especie de nirvana matrimonial. «Vivir felices para siempre» significa saber cómo lidiar con las imperfecciones de la vida; no aceptarlas con resignación sino lidiando con ellas a través del perdón y ayuda de Dios y *levantándose siempre* si ha caído. En un sentido muy real, el resto de este libro trata precisamente sobre eso, cosa que usted y su cónyuge descubrirán al extraer las riquezas de Amor y Respeto.

ORACIÓN: Dele gracias al Señor por su perdón, su benevolencia y la justicia que solo Él puede impartir. Agradézcale la promesa de que aunque el justo caiga, podrá levantarse nuevamente y continuar edificando un matrimonio fuerte con amor y respeto. Pida a Dios que ponga en su corazón el deseo de negarse a permitir que la *derrota* le derrote.

ACCIÓN: Haga copias personalizadas de Proverbios 24.16 que digan: «Porque siete veces cae el cónyuge justo, y vuelve a levantarse», y colóquelas en el espejo del baño, dentro de las puertas de su despensa, y en otros lugares en donde pueda verlas todos los días. (Para ver preguntas para análisis, consulte la página 215 del apéndice A.)

CAPÍTULO 2

Rosa y Azul: Ninguno es incorrecto, ¡solo son diferentes!

GÉNESIS 5.2:

Varón y hembra los creó; y los bendijo.

U no de los conceptos más poderosos y reveladores del enfoque de Amor y Respeto hacia el matrimonio es la diferencia entre el Rosa y el Azul. No nos referimos a la decoración de una habitación de bebé. Sencillamente señalamos que Dios hizo al hombre y a la mujer tan distintos como los colores rosa y azul. Utilizo la analogía sencilla de que la mujer mira al mundo a través de gafas Rosa que afectan todo lo que ve. El hombre, por otro lado, mira al mundo a través de gafas Azules que afectan todo lo que ve. Los hombres y las mujeres pueden ver precisamente a una misma situación y a la vida de modos muy diferentes. Inevitablemente, las gafas Rosa y Azules hacen que interpreten las cosas de manera discordante, en algunos casos más que en otros.

Los hombres y las mujeres no solo ven las cosas de modo diferente, sino que escuchan de modo diferente también. Llevando la analogía Rosa y Azul un tanto más allá, Dios creó al hombre con audífonos Azules y a las mujeres con audífonos Rosa. Podrán escuchar las mismas palabras, pero reciben mensajes muy diferentes, como cuando alguien dice «¡No tengo qué ponerme!» Ella escucha nada *nuevo*, mientras que él escucha nada *limpio*.

Debido a que los hombres y las mujeres en sentido figurado usan gafas y audífonos de colores diferentes, ven, escuchan y se comportan de modo diferente en innumerables maneras. Cuando ella quiere hablar cara a cara, él quiere que ella se siente junto a él para ver un partido de fútbol, *esta es una diferencia entre Rosa y Azul.* Cuando ella quiere que su hijo de diez años tenga más cuidado al conducir su bicicleta, él quiere que el niño la conduzca como solía hacerlo él a los diez años, *esta es una diferencia entre Rosa y Azul.* Cuando ella quiere limpiar la cocina, lavar las sábanas y pasar la aspiradora por la alfombra ahora mismo, él quiere que ella postergue estas tareas para jugar con él y con los hijos, *esta es una diferencia entre Rosa y Azul.*

> **PERSPECTIVA:** El Rosa no puede decir que Azul no sea amoroso porque piensa en Azul. Ni Azul puede decir que Rosa sea irrespetuosa porque piensa en Rosa.

Muchas parejas llegan a nuestras conferencias padeciendo de «daltonismo» en lo que se refiere al impacto profundo que el principio del Rosa y Azul tiene sobre el matrimonio; pero al salir de la conferencia, el daltonismo ha desaparecido. Hacen observaciones como las siguientes:

- «Nunca me había percatado de eso. Creí que éramos iguales».
- «Ahora comprendo cómo es que los hombres y las mujeres están "conectados" de modo diferente y por qué requiere mucho trabajo aprender las necesidades del otro».
- «Ahora puedo ver los conflictos de modo completamente diferente. En lugar de ver a mi esposo como un maniático

egoísta, tengo algo de paz y confianza sobre la persona que Dios quiere que sea y la persona que Dios quiere que mi esposo sea, y no me siento tan frustrada por nuestras diferencias».

Negarse a sentir frustración. Génesis 1.27 nos dice que Dios nos hizo a su imagen y Génesis 5.2 añade que él *bendijo* su creación. Cuando surjan las diferencias (y surgirán), recuerde que esto es parte del plan de Dios. *Ninguno de ustedes está mal; solo son diferentes.* Un paso grande hacia un matrimonio feliz es aceptar las diferencias y lidiar con ellas con amor y respeto. Tranquilícese, y hasta regocíjese. *¡Viva la diferencia!*

ORACIÓN: Dele gracias al Señor porque al principio hizo al varón y a la mujer: Azul y Rosa. Pídale paciencia y una comprensión cada vez mayor sobre cómo los hombres y las mujeres ven y escuchan las cosas de modo diferente.

ACCIÓN: Cuando el Ciclo Loco amenace imponerse sobre una diferencia de opinión Rosa y Azul, intente decir cosas tales como: «Ven y ponte mis gafas Rosa para que puedas ver lo que yo veo», o, «Ven, prueba usar mis audífonos Azules para que oigas lo que acabo de oír». (Para preguntas de análisis, consulte la página 216 del apéndice A.)

CAPÍTULO 3

¿TIENE UN MATRIMONIO DE BUENA VOLUNTAD?

PROVERBIOS 11.27:

El que procura el bien buscará favor; mas al que busca el mal, éste le vendrá.

Algunas veces se me pregunta cuál es, en mi opinión, el principio más importante que enseñamos. Me viene a la mente el Rosa y Azul (ninguno es incorrecto, solo son diferentes) pero también me viene a la mente una frase: *buena voluntad.* Cuando usted y su cónyuge se ven el uno al otro como individuos de buena voluntad, hay buenas cosas por venir en su matrimonio.

Cuando las personas escuchan la frase *buena voluntad*, inicialmente tienen preguntas. ¿Qué es buena voluntad? ¿Cómo puedo saber que estoy mostrando buena voluntad hacia mi cónyuge? ¿Cómo puedo estar seguro de que mi cónyuge manifiesta buena voluntad hacia mí?

Una definición sencilla de buena voluntad es «la intención de buscar el bien de otra persona». Pero con frecuencia el desafío se manifiesta cuando uno de los cónyuges hace alguna cosa que al otro no le parece «buena», amorosa o respetuosa, según sea el caso.

Frecuentemente es una «cosa pequeña», pero suficientemente seria como para poner en marcha el Ciclo Loco. En momentos como éste, el «ofendido» tiene que conceder cierto espacio al «ofensor», en el sentido de darle el «beneficio de la duda por buena voluntad».

Hay un número de versículos que confirman que la buena voluntad es una idea bíblica. Vea, por ejemplo, Proverbios 14.9, Filipenses 1.15 y Efesios 6.7. Y Pablo seguramente se refiere al concepto de la buena voluntad en 1 Corintios 7.33-34 cuando advierte a los esposos y esposas que es posible preocuparse tanto por agradarse el uno al otro que se distraen de servir a Cristo como debieran. Claro está, los esposos y las esposas no siempre demuestran ese deseo natural de agradarse el uno al otro como debieran, pero su buena voluntad sigue siendo real a pesar de ello.

Es por esa razón que el pasaje de hoy es tan importante. Cuando hay conflicto, desacuerdos o tropiezos de algún tipo, no llegue a la conclusión automática de que su pareja le tiene mala voluntad. Si uno busca el mal (la ofensa), siempre será posible hallarlo. Si eso hace, con toda seguridad el Ciclo Loco se pondrá en marcha.

Lo que Proverbios 11.27 dice a las parejas casadas es esto: busque el bien en su pareja (aun si parece que hace falta). Es muy probable que verá la buena voluntad de su pareja de regreso a usted. La verdad es sencilla: *veremos lo que buscamos.* No importa lo que suceda, *siempre suponga que, en el fondo, su pareja tiene buena voluntad hacia usted.* ¿Cómo funciona eso en la vida matrimonial? Aquí hay unos ejemplos:

Conozco a un esposo que decidió siempre dar por supuesto que su esposa le tenía buena voluntad. Este sencillo compromiso no solo mejoró su actitud, ¡sino que también cambió toda la actitud de ella hacia él! Él escribe: «Empecé a darle el beneficio de la duda... No le dije que estaba siendo irrespetuosa ni nada por el estilo... Los resultados son contundentes. Ha sido mucho más fácil vivir con ella. No me fastidia tanto. Ha mostrado un mayor interés en mis pasatiempos. Y me dice que soy como una persona nueva». ¡Todo esto por sencillamente darle el beneficio de la duda! ¿Qué es lo que dice Proverbios 11.27? Busque el bien y hallará buena voluntad. ¡A veces por montones!

¿O qué hay del caso de la esposa que tuvo que pasar una gran parte del verano separada de su esposo debido a sus diferentes responsabilidades profesionales? Luego de varias semanas, ella fue a verlo a su oficina, y ella sabía que él estaba bajo mucha presión debido a una entrevista importante que tenía pendiente. Ella anticipaba por lo menos recibir un abrazo o un beso, pero en lugar de ello la recibió un esposo preocupado que prácticamente la ignoró. Aunque se sintió herida, le pidió a Dios que la ayudara a recordar que él era un hombre de buena voluntad que sencillamente necesitaba algo de tiempo para prepararse para una entrevista importante.

Su oración y paciencia rindieron fruto. Dos horas después «emergió como un hombre reanimado y más contento, lleno de abrazos y besos para mí». Pasaron un tiempo magnífico el resto de la noche, al igual que en los días siguientes. Antes de haber aprendido acerca de la buena voluntad y de las diferencias Rosa y Azul que existen entre hombres y mujeres, ella habría menospreciado a su esposo preocupado sin rodeos. Esta vez ella acudió a Dios buscando comprensión y halló paz verdadera porque logró ver la situación desde el punto de vista del varón (Azul).

> **PERSPECTIVA:** *Sea cual sea la situación,* asume siempre que tu cónyuge tiene buena voluntad hacia ti.

¿Funciona siempre la búsqueda de buena voluntad en el cónyuge cuando él o ella no han demostrado buena voluntad? No, no siempre, pero recuerde este principio sencillo pero impactante: *dar por supuesto que su pareja le tiene buena voluntad siempre es la mejor política.* Continúe buscando el bien; eventualmente lo hallará y hallará también la buena voluntad.

ORACIÓN: Dele gracias al Señor por la buena voluntad que cada uno de ustedes siente el uno por el otro. Pídale fuerzas para darse mutuamente el beneficio de la duda en los momentos en que la buena voluntad de alguno pareciera hacer falta.

ACCIÓN: Durante los desacuerdos y conflictos, dígase: *mi cónyuge me tiene buena, aunque no se sienta así en este momento*. (Para preguntas de análisis, vea la página 217 en el apéndice A.)

CAPÍTULO 4

DIOS LES UNIÓ, Y MANTENDRÁ ESA UNIÓN

MATEO 19.6:

Así que no son ya más dos, sino una sola carne; por tanto, lo que Dios juntó, no lo separe el hombre.

Todos conocemos la frase «hasta que la muerte los separe» que forma parte de los votos matrimoniales. La postura cristiana es que el matrimonio es para siempre, un valor que se encuentra bajo ataque constante en la cultura actual. Las palabras de Jesús son un recordatorio potente de que *Dios* les ha unido, y no un requisito legal humano. Escucho a muchas parejas que están sumamente seguras de esto. A pesar de los tropiezos matrimoniales, dicen: «Dios nos unió y eso es todo lo que importa», o «*Sabemos que Dios nos unió*», o (típico de nuestra época de ciberespacio) «Nos conocimos por Internet y Dios nos reunió de la manera más maravillosa».

Los creyentes sinceros están de acuerdo con estos testimonios entusiastas y empiezan con el deseo de guardar sus votos, pero para muchos algo empieza a andar mal en el camino a la felicidad matrimonial. Un cónyuge me escribe: «Creo en mi corazón que Dios nos ha unido, pero no podemos hablarnos el uno al otro sin entrar en una pelea inmensa». Otro escribe: «Debido a que sentimos con mucha firmeza que Dios nos guió a unirnos, nos sentíamos tan confundidos que tan solo un año después nos sintiéramos tan infelices y tuviéramos tantos conflictos».

Muchas parejas creen que el matrimonio fue creado por Dios, pero esta creencia no necesariamente evita las asperezas. Como dice Pablo acerca de los que se casan: «pero los tales tendrán aflicción de la carne, y yo os la quisiera evitar» (1 Corintios 7.28). Precisamente por esta razón es que Sarah y yo nos hemos comprometido a viajar por este país —por el mundo, en realidad— y compartir La Palabra en cuanto a la conexión de Amor y Respeto, la cual puede mantener fuertes los lazos matrimoniales y, de ser necesario, sanar las heridas y el dolor del pasado, como afirma una esposa: «Nos hicimos la promesa al casarnos que nunca nos divorciaríamos, *no importa lo que pasara...* Amor y Respeto fue el impulso adicional que necesitábamos para salir de una etapa negativa en la cual nos habíamos atorado. Finalmente, fuimos capaces de darnos el beneficio de la duda el uno al otro y darnos amor y respeto el uno al otro, en lugar de sospechas y enojo. Me encanta el punto en donde nos encontramos ahora en nuestro viaje juntos».

Vuelva a leer Mateo 19.6 detenidamente. Usted y su cónyuge son *uno*, unidos por Dios y no deben ser separados por *nadie*. Yo pensaba antes que se necesitaba la acción de una tercera persona para deshacer un matrimonio, pero ahora me doy cuenta que el peligro más grande yace dentro. *Enfrentar desafíos en su matrimonio no significa que usted o Dios cometieron un error; sencillamente significa que usted debe obedecer el mandamiento divino de amar y respetar con una fe y compromiso renovados.* Al igual que usted, Sarah y yo estamos comprometidos a

> **PERSPECTIVA:** Ya que fue Dios quien los unió, trata cualquier problema con amor y respeto.

permanecer casados «hasta que la muerte nos separe», pero si hay algo que puede matar un matrimonio es el enojo, las sospechas y el no darse el beneficio de la duda uno al otro. Dios nos ha unido y nos mantendrá unidos si entregamos nuestro matrimonio en sus manos.

Por supuesto, todos sabemos esto, ¿verdad? Sencillamente le recuerdo y le ruego que lo *viva* todos los días, con amor y respeto.

ORACIÓN: Dele gracias a Dios por unirles y por permitir que usted confíe que Él le ayudará, no importa cuál sea el problema. Dios está allí para usted y espera que usted le busque para mantenerle formando un equipo junto con su cónyuge, así que pídale ayuda aun en el más pequeño de los problemas.

ACCIÓN: Durante momentos de irritación o desacuerdo, diga palabras con este tono: «Sabemos que en el cuadro grande Dios fue el que nos unió. Busquemos su camino para salir de esto. ¿Qué cosas estamos haciendo que se sienten desamorosas o irrespetuosas? (Para preguntas de análisis vea la página 218 en el apéndice A.)

CAPÍTULO 5

LA RELACIÓN 80:20:
EL SECRETO PARA APRECIAR
SU MATRIMONIO

1 CORINTIOS 7.28:

*Sin embargo, los que se casan tendrán que
pasar por muchos aprietos* (NVI).

En su carta a los corintios, Pablo nos advierte en cuanto a las responsabilidades, actividades y, sí, las aflicciones que vienen junto con el matrimonio. Cuando cito 1 Corintios 7.28 en nuestras conferencias, muchos de los oyentes se ríen entre dientes, como si comprendieran perfectamente lo que Pablo está diciendo.

Otro aspecto vinculado a esta idea de la aflicción en el matrimonio es lo que he denominado «la relación 80:20». Según este concepto, aproximadamente un ochenta por ciento de las veces, su matrimonio puede clasificarse como bueno o hasta magnífico, mientras que aproximadamente un veinte por ciento del tiempo, posiblemente enfrentará problemas de uno u otro tipo. Arbitrariamente elegí la cifra veinte por ciento para describir mi punto. Para algunas parejas puede ser menos o puede ser más. Depende de muchos factores y puede variar de una semana a la siguiente.

No puedo darle una cifra precisa que describa la cantidad de aflicción que experimentará en su matrimonio, pero sí sé que Dios no promete que tendremos una relación satisfactoria y libre de problemas el cien por ciento del tiempo. (Escuché a un marido decir que él y su esposa habían tenido veintiocho años felices, y que luego «se conocieron y se casaron».) Los desacuerdos y malos entendidos son cosas que suceden. El estrés viene de fuera y de dentro.

Si no aceptamos la inevitabilidad de que habrá algo de aflicción como parte de los designios de Dios (que habrá momentos en los que nos sentiremos no amados o irrespetados), podemos caer en la trampa de creer que el matrimonio deberá siempre ser el romance perfecto tipo Hollywood. Y cuando la aflicción llega, podríamos llegar a la conclusión de que no estamos recibiendo lo que merecemos. Si esperamos un cien por ciento de satisfacción, estaremos mal preparados para lidiar con los momentos en los cuales nos sintamos insatisfechos o peor. Nos tornaremos descontentos y con resentimientos, y si permitimos que estos sentimientos moren en nuestras mentes, no tomará mucho para que lleguemos a preguntarnos si cometimos un error al casarnos.

Mi punto es sencillo: resulta muy fácil enfocarse en el veinte por ciento (las irritaciones y fastidios) y olvidarnos que el ochenta por ciento de las veces las cosas van bastante bien o aun mejor que eso. Ese molesto veinte por ciento de aflicciones resulta ser la levadura que leuda toda la masa (Gálatas 5.9).

Mi solución también es sencilla: No viva según las normas de Hollywood; confíe en lo que Dios ha dicho en su santa Palabra. Atesore su matrimonio como si fuera un frasco del perfume caro que a las mujeres les gustaría recibir para la Navidad, y no permita que unas cuantas imperfecciones sean como las moscas muertas que pueden dar mal olor al perfume (Eclesiastés 10.1). Dios le ha dado una relación significativa de amor/amistad; no permita que el veinte por ciento —las veces en las cuales uno o los dos se sienten cansados, irritables o sencillamente están pasando por un mal día (o un mal momento) por alguna razón—saboteen su matrimonio.

El concepto de la relación 80:20 resulta ser un momento «ajá» para mucha gente. Cuando llenan el formulario de comentarios de la conferencia, mencionan lo iluminador que la relación 80:20 fue para ellos y añaden comentarios tales como: «Me di cuenta que tengo un mejor matrimonio de lo que creía», o, «Tal vez la expectativa de tener un matrimonio "perfecto" es poco realista». Sarah concuerda con eso. Recuerda bien que al principio de nuestro matrimonio ella estaba preocupada no porque tuviéramos conflictos graves sino porque las cosas de la vida cotidiana normal la estaban afectando. Para ponerlo en términos bíblicos, las zorras pequeñas estaban echando a perder nuestra viña matrimonial que estaba en proceso de florecer (vea Cantar de los Cantares 2.15).

> **PERSPECTIVA**: En el matrimonio siempre habrá dificultades. No permitas que el veinte por ciento afecte todo el resto.

Seguimos teniendo nuestros roces, y Sarah continuaba expresando su desconcierto por esas tensiones. Un día le dije: «Sarah, quieres que todo sea perfecto. Pero el Paraíso se perdió. El pecado entró al mundo. Ochenta por ciento de lo que experimentamos puede ser maravilloso; sin embargo, el veinte por ciento serán aflicciones. Si no captas eso, envenenarás el ochenta por ciento que sí es bueno».

Sarah dice que mi pequeño discurso cambió toda su perspectiva del matrimonio. La relación 80:20 le ayudó a reconocer que no existe la relación perfecta, y este reconocimiento le dio una «libertad inmensa», como me la dio a mí. Todavía tenemos nuestro veinte por ciento de aflicción, pero si hacemos un alto y recordamos que el ochenta por ciento realmente representa el cuadro grande, ¡el cuadro grande es lo que realmente cuenta!

ORACIÓN: Dele gracias al Señor por todos los momentos libres de aflicción en los cuales usted y su cónyuge lo disfrutan a Él, se disfrutan ustedes mismos, y disfrutan a su familia, su ministerio y la vida en general. Pídale la fuerza para aceptar la medida de aflicciones, y la sabiduría para lidiar con el fastidio y las irritaciones por medio de amarse y respetarse el uno al otro con un compromiso nuevo. (Tal vez desee orar acerca de problemas en el trabajo, en la iglesia o con los hijos, los cuales son factores que pueden afectar cómo usted maneja el veinte por ciento de su matrimonio.)

ACCIÓN: Al enfrentar un momento de aflicción, diga: «Mira, saldremos adelante de esta tormenta breve. Esto es parte del veinte por ciento. Nos esperan aguas tranquilas. Por ahora, estemos firmes». (Para ver preguntas para análisis vea la página 219 en el apéndice A.)

CAPÍTULO 6

LOS ERRORES SUCEDEN ¿Y LUEGO QUÉ?

ECLESIASTÉS 7.20:

Ciertamente no hay hombre justo en la tierra,
que haga el bien y nunca peque.

Para la Navidad, mi hija Joy me obsequió toda una temporada del programa *La Ley del Revólver* en DVD. De niño disfrutaba viendo al alguacil Matt Dillon y a sus amigos Chester, Doc y Kitty enfrentar y derrotar a los malos en Dodge City, y cada episodio también enseñaba algún principio moral poderoso. Me gustó mucho un episodio titulado «Equivocación» en el que Matt Dillon juzga incorrectamente a un hombre, le trata de modo injusto y pone en duda su honestidad en repetidas ocasiones. A medida que los hechos van saliendo a la luz, Matt se convence que se ha equivocado, le pide disculpas pero se siente culpable por todo el enredo. Chester trata de consolar a Matt, diciéndole «Solo fue una equivocación, y cualquiera puede equivocarse». «Sí», responde Mat, «solo una equivocación, pero fue *mi* equivocación, y fue una grande. No puedo hacer que se esfume con tan solo unas cuantas palabras».

Comprendo cómo se sentía Matt, y tal vez usted también lo comprende. Nos da una sensación horrible cuando no vivimos conforme a nuestras propias normas, lo cual puede suceder con frecuencia en un matrimonio. Para parafrasear al rey Salomón, el autor de Eclesiastés, nadie hace el bien todo el tiempo y todos cometemos errores (vea Eclesiastés 7.20). Fracaso en mis esfuerzos por amar a Sarah de manera perfecta, ella fracasa en sus esfuerzos por respetarme de manera perfecta, y ninguno de nosotros puede hacer que esa realidad «se esfume con tan solo unas palabras».

¿Qué puede hacerse entonces? Doc, el buen amigo de Matt, le brinda ánimo a él (y a nosotros) cuando le dice: «Cualquiera puede equivocarse, pero es raro el que no trata de ignorar sus errores».

> **PERSPECTIVA:** Si bien los errores no se pueden deshacer, sí se pueden perdonar.

La sabiduría de Doc es profunda. Todos cometemos equivocaciones, pero en lugar de tratar de hallar una forma de encubrirlas, podemos elegir hacer lo que exige el amor y el respeto. No hay palabras más poderosas en un matrimonio que: «Me he equivocado. ¿Me perdonas?» Esas cinco palabras no son una varita mágica que convierte nuestras equivocaciones en polvo de hadas, pero sí contribuyen a que obtengamos sabiduría, empatía y una nueva determinación a mejorar nuestra práctica del amor y respeto.

ORACIÓN: Dele gracias a Dios por haberle perdonado sus equivocaciones. En nuestros intentos de ser hombres amorosos o mujeres respetuosas, fracasamos. Reconocer nuestras equivocaciones nunca es fácil, pero siempre es la forma de avanzar. Procure no acusar a su cónyuge de sus equivocaciones cuando ore. En lugar de eso, ore por la necesidad de perdonar o de pedir perdón que haya en su familia. Los niños podrían necesitar perdón (¿y qué hay de mamá y papá?)

ACCIÓN: Cuando ocurran las equivocaciones (y siempre ocurren), trate con ellas empleando las siguientes frases, breves pero poderosas: «Lo siento», «Me equivoqué», «Te pido disculpas» y «Por favor, perdóname». (Para ver preguntas para análisis, consulte la página 220 en el apéndice A.)

CAPÍTULO 7

PREGUNTA: ¿QUÉ ES EL AMOR? RESPUESTA: P-A-R-E-J-A

EFESIOS 5.33:

Por lo demás, cada uno de vosotros ame también a su mujer como a sí mismo.

Recibí un correo electrónico de Nathan, en donde preguntaba: «Los esposos deben "amar" a sus esposas. Ese es su mandamiento especial. ¿Y qué es el amor?» Excelente pregunta. Existe toda clase de respuestas, algunas de ellas bastante floridas, melosas y algunas sumamente románticas. Le escribí a Nathan con lo que creo son instrucciones prácticas, razonables y bíblicas de cómo un esposo puede mostrar *amor* a su esposa, al proporcionar las seis cosas que se describen en los capítulos 8 a 14 de mi libro *Amor y Respeto*, para lo cual empleo el acrónimo P-A-R-E-J-A.

P-A-R-E-J-A*

P: Intimidad. Usted busca estar cerca —frente a frente— y no tan solo cuando desea sexo (Génesis 2.24). Esta es la idea tras la palabra unirse.

---

* Acrónimo intraducible. En inglés: C-O-U-P-L-E, formado por Closeness (Intimidad); Openness (Apertura); Understanding (Comprensión); Peacemaking (Reconciliación); Loyalty (Lealtad); Esteem (Estima).

A: Apertura. Usted intenta ser más abierto con ella, compartir más de su corazón y definitivamente alejarse con enojo mucho menos frecuentemente (Colosenses 3.19).

R: Comprensión. Usted se aparta del deseo de «repararla» y escucha más, buscando ser considerado cuando ella está realmente molesta (1 Pedro 3.7).

E: Reconciliación. Para resolver los conflictos y estar unidos como equipo, usted intenta el uso de palabras de poder: «Cariño, lo lamento. ¿Me perdonas?» (Mateo 19.5).

J: Lealtad. Usted se esfuerza por asegurarla de su amor y de su compromiso «hasta que la muerte nos separe» (Malaquías 2.14).

A: Estima. Usted la ve a ella como su igual ante Dios y la honra y la atesora como la primera en importancia para usted (1 Pedro 3.7).

El acrónimo P-A-R-E-J-A es la primera mitad del Ciclo Energizante, el cual enseña que «el amor de él motiva el respeto de ella, el respeto de ella motiva el amor de él» (consulte el apéndice B, página 275). En la medida que Sarah y yo recibimos comentarios, nos sentimos bastante seguros de que los individuos captan lo de detener el Ciclo Loco. Pero nos preguntamos si los esposos y esposas están utilizando las ideas del Ciclo Energizante. Para tener un matrimonio feliz y bíblicamente sólido, usted y su cónyuge tendrán que hacer mucho más que tan solo esforzarse por detener el Ciclo Loco. Y es allí que entra en juego el Ciclo Energizante. Si se mantiene el Ciclo Energizante en marcha, el Ciclo Loco permanece en su jaula y ustedes funcionan como el equipo que Dios quiere que sean.

En este devocional estoy sugiriendo que usted y su pareja dediquen unos cuantos momentos a reflexionar sobre el amor en su matrimonio. ¿Qué tipos de acciones y palabras amorosos ocurren? En este mismo momento, uno o los dos podrían llegar a la conclusión de que estoy poniendo toda la presión sobre los esposos (estas seis cosas, después de todo, son lo que se supone que él haga para conectarse con su esposa). Pero no es eso lo que tengo en mente.

Empleando el acrónimo P-A-R-E-J-A, quiero que busque los aspectos positivos y las ventajas. Para muchos de nosotros, resulta sobradamente fácil ver que el vaso está medio vacío en lugar de buscar los actos y palabras que hacen verlo medio lleno, y a veces más que lleno. La esposa deberá cuidarse de no solo ver lo que su esposo está pasando por alto sino apreciar sus palabras y acciones amorosas. El esposo deberá cuidarse de no sentir que es inadecuado sino sentirse animado de saber que está obedeciendo el mandamiento dado por Dios de actuar amorosamente: «Por lo demás, cada uno de vosotros ame también a su mujer como a sí mismo» (Efesios 5.33).

> PERSPECTIVA: Un esposo sabio reconoce que Dios le ha ayudado a mostrar amor; una esposa humilde sabe apreciar las expresiones de amor de su esposo hacia ella, y ambos lo celebran.

¿Qué es el amor? No es un sustantivo, sino un verbo. Es algo que el esposo hace en palabra y en obras. Una analogía es imaginar tallando un poco día tras día la palabra AMOR en un solo bloque de madera de roble o arce. Su matrimonio es como ese bloque de madera. El amor no es algo que solo sucede; hay que trabajar en ello; muchos esposos lo hacen. Recuerde que enfocarse en lo positivo no significa ser ingenuo en cuanto a lo negativo. Si un equipo solo se enfoca en sus derrotas y nunca en sus victorias, terminará desanimándose. Los ganadores necesitan celebrar sus victorias como incentivo para gustar aun más de ellas. ¡Regocíjese!

ORACIÓN: Dele gracias al Señor por el amor que es evidente en su matrimonio. Dele gracias por las veces que se deletrea el amor bíblico en su matrimonio: Intimidad, Apertura, Comprensión, Reconciliación, Lealtad y Estima.

ACCIÓN: Explore maneras diferentes para compartir el amor juntos. ¿Necesita recomendaciones específicas? Escoja una de las sesenta ideas que aparecen al final de cada capítulo en la sección P-A-R-E-J-A de *Amor y Respeto*. Por ejemplo, tal como este devocional le estimula a hacer, empiece hablando de las cosas positivas y amorosas que están sucediendo en su matrimonio, y parta de allí. (Para ver preguntas para análisis, consulte la página 221 en el apéndice A.)

PREGUNTA: ¿QUÉ ES EL RESPETO? RESPUESTA: S-I-L-L-A-S

EFESIOS 5.33:

Y la mujer respete a su marido.

E l correo electrónico de Wendy indicaba: «Siento que la pregunta o preocupación más grande que tenemos las mujeres es: ¿Qué es el respeto?» Le respondí para decirle que estaba totalmente de acuerdo. De hecho, esta es la pregunta que más me hacen las esposas. No es sorpresa que le respondiera de manera muy similar a la respuesta que di a Nathan cuando preguntó: ¿Qué es el amor? (Vea el capítulo 7.) El respeto, para el hombre, no es nada complicado. En los capítulos 15 al 21 de *Amor y Respeto*, empleando el acrónimo S-I-L-L-A-S le describí seis formas prácticas y bíblicas en las cuales una esposa puede expresar respeto por su marido.

S-I-L-L-A-S*

S: Conquista. Usted busca reconocer y agradecerle por su deseo de trabajar y alcanzar logros para su familia (Génesis 2.15).

---

* Acrónimo intraducible: En inglés: C-H-A-I-R-S, formado por Conquest (Conquista); Hierarchy (Jerarquía); Authority (Autoridad); Insight (Discernimiento); Relationship (Relación) y Sexuality (Sexualidad).

I: Jerarquía. Usted está tratando de agradecerle por su deseo de ser responsable en las tareas de protección y provisión (Efesios 5.23).

L: Autoridad. Usted busca alejarse de socavar su liderazgo, aunque sea de modo inocente, y encontrar maneras de reconocer su deseo de dirigir y servir (Efesios 5.22).

L: Discernimiento. Usted se esfuerza por apreciar su deseo de analizar y aconsejar por medio de escuchar las ideas y consejos que él ofrezca (1 Timoteo 2.14).

A: Relación. Usted valora el deseo que él tiene de que usted sea su amiga y que se pare hombro a hombro con él (Tito 2.4; Cantar de los Cantares 5.1).

S: Sexualidad. Usted busca responder a él, apreciando el deseo de intimidad sexual que él tiene y que solo usted puede satisfacer (Proverbios 5.19; 1 Corintios 7.5).

El acrónimo S-I-L-L-A-S compone la otra mitad del Ciclo Energizante: el respeto de ella motiva el amor de él. Como comparto frecuentemente en las conferencias o en mis escritos, el respeto por el esposo es una idea más difícil de vender que el amor del esposo por su esposa, principalmente porque muchas esposas sienten que «él está fracasando en su obligación de amarme como debiera, así que le toca ganarse mi respeto». Por supuesto, ese es el punto. Él no tiene que ganarse el respeto de ella tal como ella no tiene que ganarse el amor de él. Ambas cosas deben ser *incondicionales*. Dios manda a la esposa a vestirse de respeto independientemente del marido que tenga (1 Pedro 3.1-2, Efesios 5.33), tal como Dios manda al esposo a amar a su esposa sin importar la amabilidad de ella (Efesios 5.25, 33, Oseas 3.1).

> **PERSPECTIVA:** Una esposa sabia reconoce que Dios le ha ayudado a mostrar respeto; un esposo humilde aprecia las actitudes respetuosas de su esposa, y ambos lo celebran.

Pero qué podemos decir sobre la pregunta de Wendy: ¿Qué es el respeto, precisamente? ¿Cómo lo muestra una esposa? Observe que todos los principios que se enseñan en S-I-L-L-A-S incluyen la idea de que la esposa aprecie el deseo que tiene su esposo de tener éxito en el trabajo, proteger y proveer, servir y dirigir, analizar y aconsejar, disfrutar su amistad y participar en interacción amorosa sexual. La esposa respetuosa busca honrar los deseos de su esposo, no porque él esté honrando perfectamente los deseos de ella, sino porque se ha propuesto obedecer el mandato que Dios le ha dado de darle respeto *incondicional*. Ella reconoce que esto realmente no tiene que ver con su esposo; sino que es el mandamiento que Dios le ha dado como esposa (Efesios 5.33).

Al participar juntos en este devocional, dediquen unos cuantos momentos a reflexionar sobre el respeto en su matrimonio. Utilizando el acrónimo S-I-L-L-A-S, busque los aspectos positivos y las ventajas, no los negativos y desventajas. El esposo deberá cuidarse de convertir esta actividad en un juego de «¡Te pillé!» al solo buscar las maneras en las cuales no está recibiendo el respeto adecuado en todo momento. En lugar de ello, sea agradecido por las palabras y acciones respetuosas de su esposa. Y la esposa no debe sentirse derrotada si algunas veces mostrar respeto pareciera ser algo incómodo. Al igual que el amor, el respeto no solo sucede. Al igual que el amor, el respeto es algo que se talla día tras día cuando la esposa obedece el mandamiento de Dios: «y la mujer respete a su marido» (Efesios 5.33).

Según Dale Carnegie, «El respeto verdadero hacia los demás es el cimiento de la motivación». Cuando una esposa respeta verdaderamente los deseos del esposo descritos en S-I-L-L-A-S, lo más probable es que él se sentirá motivado a amarla según lo descrito en P-A-R-E-J-A, ¡y el Ciclo Energizante estará en marcha!

ORACIÓN: Dele gracias al Señor por el respeto que existe en su matrimonio. Pídale sabiduría y guía para apreciar y compartir los deseos que Él ha incorporado en los hombres: trabajar y lograr, proteger y proveer, servir y guiar, analizar y aconsejar, disfrutar amistad hombro a hombro y disfrutar de la intimidad sexual.

ACCIÓN: Utilice las sugerencias dadas al final de los capítulos de Amor y Respeto relacionados con S-I-L-L-A-S, treinta y ocho en total, para explorar y expandir el concepto del respeto en su matrimonio. (Para preguntas para análisis, consulte la página 222 en el apéndice A.)

CAPÍTULO 9

La Ley de Newton: El Ciclo Loco en acción

PROVERBIOS 26.21:

*El carbón para brasas, y la leña para el fuego; Y el
hombre rencilloso para encender contienda.*

E staba sentado en los vestidores furioso por la crítica que
había recibido de mi entrenador de natación en la escuela
militar por no echarle ganas. Alcé la mirada y vi a un cadete
nuevo sentado en otra banca, mirándome fijamente.

—Deja de mirarme —le dije— o te reventaré la boca. Realmente
no me interesaba pelear, pero eso fue lo que me provocó decir.
Evidentemente ecuánime, él me respondió:

—Y yo te reventaré la tuya.

Hubo algo en su comportamiento despreocupado y totalmente
audaz que me indicó que este tipo había participado de muchas
peleas. Había oído de cadetes que habían sido enviados a la escuela
militar para curar sus hábitos de peleas callejeras. El enfoque de los
peleadores callejeros hacia la vida es ojo por ojo. Me golpeas, y te
devuelvo el golpe aunque más fuerte, una especie de demostración
viva y con gruñidos de la ley de Newton: toda acción tiene una

reacción igual y opuesta. La discreción venció rápidamente mi esta-llido de temperamento. Reventarle la boca a él hubiera dado inicio a algo que yo no estaba listo para llevarlo a su fin.

No lancé ningún puñetazo.

¿Qué tiene que ver esta pequeña historia sobre un desacuerdo en un vestidor y la ley de Newton con el matrimonio?

Si alguna vez ha estado en el Ciclo Loco, ya sabe la respues-ta: ¡Todo! Para reiterar la ley de Newton en términos del Amor y Respeto: toda acción irrespetuosa por parte de la esposa tiene una reacción desamorosa igual y opuesta por parte del esposo, y toda acción desamorosa por parte del esposo tiene una reacción irres-petuosa igual y opuesta por parte de la esposa. Y el Ciclo Loco se pone en marcha. Combine sus diferentes puntos de vista —el de ella en Rosa y el de él en Azul— y el Ciclo Loco podrá continuar en marcha por un buen tiempo.

La ley de Newton puede desarrollarse en el matrimonio en un sinfín de maneras. A veces resulta demasiado fácil ser desamoroso o irrespetuoso sin querer, o sin percatarse de ello, hasta que es dema-siado tarde. He aquí dos ejemplos:

- La esposa menciona de modo casual lo bien que le va a su amigo Ben en los negocios y se siente confundida cuando, aparentemente sin provocación, su esposo le dice de modo cortante: «Bueno, tal vez debiste haberte casado con alguien como Ben». Ella se aleja, sintiéndose herida y no amada, por no decir más. El Ciclo Loco ha cobrado vida.

- El esposo menciona de modo inocente a su esposa quien tiene tendencia a engordar lo bien que su hermana está controlando su peso y se sorprende al escuchar: «Sí, y mi cuñado está echando una buena panza también, casi tan grande como la tuya». El esposo se aparta y erige un muro de silencio. Él no se proponía ser desamoroso, sino que solo buscaba conversación, y todo lo que recibe es irrespeto. Anótele otro tanto al Ciclo Loco.

¿Qué está sucediendo en estas dos situaciones? Nuestro versículo clave nos dice que los buscapleitos encienden contiendas, tal como las chispas y el combustible inician un fuego (Proverbios 26.21). Pero ninguno de los cónyuges tenía la intención de ser buscapleitos. Ella podría reconocer que dio la apariencia de irrespeto, pero la reacción desamorosa de él fue excesiva. Y quizás él se percate de que dio la impresión de ser desamoroso, pero ella debería saber que él no tenía tal intención. ¿Por qué tanto desdén en la voz de ella? Y una mirada como para detener el ataque de un león.

En ambas situaciones podríamos decir que el cónyuge ofendido actuó de modo excesivamente sensible y que respondió con inmadurez. No obstante, las chispas accidentales (comentarios poco sabios) encienden y alimentan el fuego, y ¡bum! el Ciclo Loco arranca. La ley de Newton siempre está vigente. Su cónyuge es sensible y vulnerable, y usted también lo es.

> **PERSPECTIVA:** Por lo general, un ataque verbal genera una respuesta igual. Sé sabio al hablar.

Algunas veces no es por accidente. El Ciclo Loco puede girar con más fuerza aún si el enojo le impulsa a *querer* buscar pleitos. Así que cuando escuche lo que le pareciera ser una trompada verbal y sienta la tentación de devolver una respuesta desagradable, dé un paso atrás. ¿Fue eso un gruñido del Ciclo Loco? Sé de lo que hablo. Sarah y yo a veces terminamos enfrentándonos y luego uno de nosotros vuelve a sus cabales y dice: «¿Así que quieres arrancar el Ciclo Loco, eh?»

Esa no es una mala manera de calmar una situación, pero un método aun mejor es recordar la ley de Newton y contrarrestarla con otra ley que mantiene al Ciclo Loco en su jaula: *¡No lanzarás puñetazo alguno!*

ORACIÓN: Pídale al Señor sabiduría en la manera en la cual ustedes se hablan el uno al otro. Pida perdón por los puñetazos bíblicos que haya lanzado, sea a sabiendas o sin percatarse de ello, y dele gracias a Él por su compromiso de pareja de tratarse mutuamente con amor y respeto.

ACCIÓN: Escriba algunas de las maneras en la cual la ley de Newton puede operar de modo negativo debido a cosas que usted hace o dice alrededor de su cónyuge. Luego propóngase no hacer o decir esas cosas. ¿Por qué querría encender un incendio? (Para preguntas de análisis, consulte la página 223 en el apéndice A).

CAPÍTULO 10

ÉL NOS AMA PORQUE NOS AMA ¡PORQUE NOS AMA!

ISAÍAS 62.5:

Pues como el joven se desposa con la virgen, se
desposarán contigo tus hijos; y como el gozo del esposo
con la esposa, así se gozará contigo el Dios tuyo.

«E s cierto. Amor y Respeto es una buena teoría. Ambos la creemos, pero resulta muy difícil hacer que funcione de modo consistente. No importa cuánto nos esforcemos, siempre regresamos al Ciclo Loco».

Recibo comentarios como este por correo electrónico casi todos los días. Sarah y yo hemos sentido eso mismo muchas veces en los años pasados. ¿Cuál es la mejor manera de enfrentar el desánimo cuando aparece? ¿A quién podemos acudir?

Obviamente, debiéramos acudir a Dios, ¿pero acaso eso nos consuela? Tal vez Él está cansado de nuestros fracasos y nuestras continuas recaídas en el caos del Ciclo Loco, o nuestras actitudes desamorosas e irrespetuosas que salen a relucir aparentemente de la nada. A Sarah y a mí nos puede suceder justo después de celebrar una conferencia, a veces en el aeropuerto o en el avión rumbo a casa. No hay nada como la fatiga para sacar a flote nuestra falta de amor y respeto. ¿Qué hacer en estos casos?

Lo que siempre funciona es detenernos y darnos cuenta de lo que Dios siente por nosotros. *Él se deleita en nosotros como un esposo se deleita en su esposa.* Esta enseñanza se halla tanto en el Antiguo Testamento como en el Nuevo. Nuestro versículo clave habla de cómo Israel, la comunidad de creyentes en Dios, está casada con su Hacedor, y «como el gozo del esposo con la esposa, así se gozará contigo el Dios tuyo» (Isaías 62.5). En la desesperación del exilio, Dios dijo a los israelitas a través de Isaías que no importaba cuáles hayan sido sus fracasos, Dios no les había abandonado.

Este mismo concepto se halla en el Nuevo Testamento cuando se identifica a la Iglesia como la Esposa de Cristo. De hecho, en Efesios 5.22–33, el pasaje en el cual se basa la Conexión Amor y Respeto, Pablo emplea el matrimonio como cuadro de una verdad mucho más profunda. Cuando un esposo y su esposa intentan vivir con amor y respeto el uno por la otra, ilustran la relación que existe entre Cristo (el esposo) y la Iglesia (la Esposa).

¿Comprende que debido a que usted forma parte de la Esposa de Dios (la Iglesia), Dios es su esposo y se deleitará en usted para siempre? *¿Cree* usted esto? ¿Confía usted que el voto que Dios hizo a su pueblo bajo el Antiguo Pacto permanece inalterado en el Nuevo Pacto que estableció con nosotros a través de Cristo? ¡Él ha escogido deleitarse en nosotros y nunca, nunca abandonarnos!

De manera que cuando usted sienta que está fracasando en su intento de amar o respetar completamente, o tal vez ni siquiera lo logra parcialmente, no desmaye. Esto no recae sobre nosotros, sino sobre Él. Anótelo: *Él nos ama porque nos ama, ¡porque nos ama!* Esto nada tiene que ver con nosotros. «Si fuéremos infieles, él permanece fiel; Él no puede negarse a sí mismo» (2 Timoteo 2.13).

Sí, podemos contristar al Espíritu Santo (Efesios 4.30) y Él puede disciplinarnos (Hebreos 12.5–6), pero pase lo que pase, Él nos acepta (Romanos 15.7) y *nunca* nos rechaza ni nos desecha. ¿Acaso estoy sugiriendo con esto que está bien que continuemos con nuestras actitudes y hábitos pecaminosos sin esforzarnos por amar y respetar porque es «demasiado difícil»? Como diría Pablo: «De ninguna manera». (Romanos 6.2).

Lo que Sarah y yo siempre hacemos cuando somos culpables de comportamiento poco cristiano el uno hacia el otro es pedir perdón y determinar esforzarnos más por cosechar las recompensas del Amor y Respeto porque son «demasiado buenas para pasarlas por alto». Empezamos de nuevo y buscamos honrar a nuestro esposo porque sabemos que nos ama con amor eterno. Nunca nos damos por vencidos, porque sabemos que él no se da vencido con nosotros.

> **PERSPECTIVA:** Lo que vale es tu posición en Cristo, no tu comportamiento que no llega a ser perfecto.

ORACIÓN: Dele gracias al Señor que Él lo ve como parte de su Esposa, en quien se deleita eternamente. Pídale perdón por los fracasos que hayan ocurrido en su relación y pídale también nuevas fuerzas y compromiso por amarse y respetarse mutuamente a diario.

ACCIÓN: Debido a que Dios me ama porque me ama porque me ama, confesaré mis fracasos, aceptaré su perdón y buscaré amar o respetar a mi pareja por medio de _____.

(Para preguntas para análisis, consulte la página 224 en el apéndice A.)

CAPÍTULO 11

EL ROSA DE ELLA MÁS EL AZUL DE ÉL FORMAN EL PÚRPURA DE DIOS

EFESIOS 5.31:

*Por esto dejará el hombre a su padre y a su madre, y se
unirá a su mujer, y los dos serán una sola carne.*

Como mencioné previamente, la analogía del Rosa y el Azul
es uno de los conceptos más recordados de los que enseñamos. Por ejemplo, antes del final de una conferencia
les recuerdo a las parejas que Génesis 1.27 afirma: «Y creó Dios al
hombre a su imagen, a imagen de Dios lo creó; varón y hembra
los creó». Explico que en el matrimonio el esposo Azul y la esposa
Rosa reflejan cada uno la imagen de Dios, pero luego llevo la analogía más allá y señalo que cuando combinamos el Rosa con el Azul
obtenemos Púrpura, el color de la realeza, el color de Dios. En otras
palabras, la esposa y el esposo *juntos* reflejan la imagen real de Dios
en la tierra. Dios no es Rosa. Dios no es Azul. Dios es Púrpura.
Cuando los dos se convierten en uno, tienen el potencial de mostrar
cualidades divinas en su matrimonio.

Pero hay más. Esta combinación del Rosa y Azul produciendo el Púrpura real es lo que Pablo describe en Efesios 5.31-32, cuando habla de un hombre que deja a su padre y a su madre para unirse a su esposa y crear el misterio de dos que se unen en una sola carne. Y si retrocedemos unos cuantos versículos, podemos ver que se refiere a un misterio aún mayor: cómo la relación entre un esposo y una esposa creyentes es la ilustración suprema de la relación entre Cristo (el esposo) y la Iglesia (su esposa). (Vea Efesios 5.25-30.)

Me siento gratificado al enterarme que las parejas casadas se sienten pasmadas por esta imagen de Rosa y Azul. Una esposa me escribió diciendo: «La primera cosa que revolucionó mi forma de pensar y el modelo que tenía fue la idea de que los problemas no son tanto problemas de Bart y de Nancy sino problemas de varón-mujer. Reconocer esto me hizo llorar. Me liberó tanto saber que nuestras diferencias de Rosa y Azul se tornarán en Púrpura según Bart y yo nos entreguemos al Señor y dependamos de Él al lidiar con nuestros problemas». (¡Bingo! ¡Esta mujer lo ha captado!)

A veces oigo de cónyuges que se preguntan si al dos volverse uno esto les robará sus identidades individuales. Mi respuesta es que cuando dos se hacen uno para reflejar el carácter de Dios, ninguno pierde su identidad individual. Es como colocar diapositivas rosa y azul individuales una sobre la otra, las cuales entonces proyectarán púrpura en la pantalla.

La metáfora de la unidad de equipo también capta la idea de todos para uno y uno para todos, conforme el esposo y la esposa avanzan unidos en su misión. En el matrimonio él y ella se convierten en «nosotros». El esposo no pierde su masculinidad, ni la esposa su feminidad. Pero juntos son más, ¡mucho más!

Al llegar a este punto en una conferencia la audiencia frecuentemente irrumpe en aplausos. Las parejas reconocen que ninguno de los cónyuges pierde su individualidad cuando el esposo y la esposa escuchan el llamado santo que se les extiende a convertirse en un equipo que refleje al Señor. Un esposo y una esposa que trabajan como equipo pueden tener un impacto transformador en los que les rodean, especialmente en los niños.

Pero el punto clave en esto que Rosa más Azul forman Púrpura se halla en Efesios 5.33. La manera mejor y más práctica de que dos se hagan uno es a través de la Conexión Amor y Respeto. La unidad se socava no por los problemas diarios, sino cuando él muestra una actitud desamorosa y ella muestra una actitud irrespetuosa. Dicho de otra manera, si un esposo y su esposa estuvieran de acuerdo en todas sus decisiones, pero ella continuara sintiéndose poco amada y él continuara sintiéndose poco respetado, ninguno de los dos se sentiría unido al otro.

> **PERSPECTIVA**: Cuando el Rosa y el Azul se unen a través del amor y el respeto, ¡dan origen al Púrpura!

Pero si el esposo se viste de amor, especialmente durante un conflicto, su esposa se sentirá unida a él. Cuando una esposa se viste de respeto durante esos momentos de desacuerdo, el esposo se sentirá unido a ella. El desacuerdo podría quedar sin resolverse, pero los dos experimentarán unidad. Los dos, de hecho, se hacen uno. ¡El Rosa y el Azul se combinan para formar Púrpura y Dios es glorificado!

ORACIÓN: Dele gracias a Dios por su plan de combinarlos y unirlos a ustedes dos. Dele gracias que es su voluntad que ustedes dos sean uno. Dele gracias por la confianza que Él da para fortalecerles en su unidad. Pídale sabiduría, paciencia y determinación para hacer que el Púrpura sea el color constante de su matrimonio.

ACCIÓN: Cuando surjan desacuerdos y otros conflictos, diga: «Uno de nosotros es Rosa y el otro Azul. ¿Cómo podemos seguir juntos en esto y combinarnos para formar Púrpura? (Para preguntas para análisis, consulte la página 225 en el apéndice A.)

CAPÍTULO 12

LA PERSPECTIVA LO ES TODO

PROVERBIOS 12.16:

El necio al punto da a conocer su ira; mas el que
no hace caso de la injuria es prudente.

En un devocional previo (capítulo 5), mencioné la relación 80:20 y la advertencia clara que Pablo da que en el matrimonio tendremos aflicción (1 Corintios 7.28). Si pretendemos detener el Ciclo Loco, no debemos permitir que el 20 por ciento (las irritaciones y molestias que nos causamos el uno al otro) dominen nuestros pensamientos y nos lleven a olvidar el 80 por ciento (todas las cosas buenas de nuestro matrimonio). Si caemos en esa trampa, el Ciclo Loco dará inicio de inmediato.

Reconocemos ese punto. Pero existe otro punto que hay que mencionar acerca del 80:20. No solo es bueno para detener el Ciclo Loco, sino que también es bueno para mantener al Ciclo Energizante en marcha con fuerza conforme buscamos motivarnos el uno al otro hacia mostrarnos más amor o respeto. La perspectiva lo es todo. *Para mantener el Ciclo Energizante en marcha, la perspectiva lo es todo.*

Recuerdo una historia que escuché hace muchos años que ilustra esta verdad de modo vívido. La viuda de un granjero que se había vuelto a casar con otro granjero invitó a un grupo de esposas de granjeros a almorzar. Mientras las damas conversaban, el nuevo esposo de la anfitriona llegó del granero y dejó huellas de lodo por todo el piso de la cocina. Todas las mujeres se sintieron indignadas. Una de ellas dijo: «Si mi marido me enloda el piso así, yo lo mato».

La viuda recién casada sonrió y dijo: «Durante mi primer matrimonio mi esposo frecuentemente me enlodaba el piso y yo me enojaba. Eso nos causó momentos de mucha tensión. Después que él murió, sus botas enlodadas estaban desocupadas en el portal. Cuánto anhelaba que él caminara por la cocina con esas botas enlodadas. Lloré amargamente porque me había fijado tanto en el lodo de las botas, en lugar de fijarme en el hombre que llevaba las botas. Ahora que tengo a otro esposo con botas enlodadas, realmente no me molesta limpiar el lodo».

Las irritaciones son cosa corriente en el matrimonio. Todos experimentamos molestias por «botas enlodadas» que nos hacen estallar. El escritor de Proverbios posiblemente tenía la relación 80:20 en mente cuando tajantemente dice que aquellos que rápido se enojan son necios, mientras que los pacientes son prudentes. El matrimonio nos hace sensibles a cosas que podemos interpretar como «insultos» en un momento dado. ¿Pero acaso vale la pena arruinar el momento, o el día o la semana por ellos? ¿Vale la pena detener abruptamente el Ciclo Energizante por ellos mientras que el Ciclo Loco acelera sus motores?

PERSPECTIVA: En medio de lo negativo concéntrate en lo positivo y así mantendrás activo el Ciclo Energizante.

Todos los días, usualmente varias veces, enfrentamos una decisión: demandar perfección el uno del otro, o aceptar la realidad. La perfección es imposible. La clave para reducir la ansiedad y el enojo en los momentos de imperfección consiste en amoldarse a la situación. En otras palabras, los que aceptan el 20 por ciento de aflicción no solo disfrutan del 80 por ciento bueno, sino que también hallan la manera de enfrentar las adversidades que sencillamente parecen nunca esfumarse.

Como dije en el capítulo 5, la relación 80:20 permitió que Sarah y yo nos relajáramos y disfrutáramos del 80 por ciento mucho más. Quizás usted se pregunte: *¿Qué quiere decir Emerson con el 20 por ciento?* Bueno, los esposos no querrán hablar y las esposas querrán hablar de más. Los esposos parecerán ser insensibles y las esposas parecerán ser extremadamente sensibles. Las esposas criticarán y los esposos serán esquivos. Los esposos desearán sexo el martes por la noche pero las esposas estarán demasiado cansadas. El 20 por ciento está en todas partes, algo así como las huellas de mis botas enlodadas. De manera que aunque Sarah y yo nos molestamos en algunas ocasiones, y aunque tenemos nuestros momentos menos que perfectos, pensamos que hemos aprendido al menos una cosa en cuanto al matrimonio: ¡La perspectiva lo es todo!

ORACIÓN: Pídale a Dios sabiduría para no sacar conclusiones enormes de ofensas menores (porque el amor cubrirá multitud de pecados, 1 Pedro 4.8). Comprométanse delante del Señor a *no* enfocarse en los momentos de poco amor o poco respeto, en lugar de hacerlo, dele gracias a Dios por todas las bendiciones de Amor y Respeto que existen en su matrimonio. (También recuerde darle gracias por las bendiciones en su labor de padres de familia y en su empleo. ¡Él es el Dios de la relación 80:20 en todas las circunstancias!)

ACCIÓN: Evalúe la eficacia con la que está practicando el Ciclo Energizante por medio de escribir las habilidades o principios que está intentando utilizar regularmente al poner en práctica P-A-R-E-J-A (para los hombres) y S-I-L-L-A-S (para las mujeres). ¿Está manteniendo la perspectiva correcta cuando ocurren molestias tipo «botas enlodadas»? Recuerde Proverbios 12.16: «El que no hace caso de la injuria es prudente», y mantenga así el Ciclo Energizante en marcha. (Para preguntas para análisis, consulte la página 226 en el apéndice A.)

CAPÍTULO 13

LOS QUE ORAN UNIDOS APRENDEN A AMARSE Y RESPETARSE UNIDOS

LUCAS 18.1:

También les refirió Jesús una parábola sobre la necesidad de orar siempre, y no desmayar.

En la introducción a este libro me hice el propósito de advertirle a usted y a su pareja de cuidarse de orar uno «contra» el otro durante los devocionales. Por ser Azul, puedo asegurarle que esto no es algo que disfruto, y pienso que mis hermanos Azules estarían de acuerdo conmigo. De hecho, durante las investigaciones que hice para este libro, me percaté que la oración es un tema problemático para muchas parejas. Los resultados de miles de nuestros cuestionarios de investigación revelan que un 55 por ciento de las parejas de esposos no oran juntos. Cuando pregunté a esposos y esposas el por qué de ello, esto fue lo que escuché:

- «Sencillamente no parece funcionar para mi esposo y para mí. De alguna manera resulta incómodo. Lo intentamos de vez en cuando, pero nos desanimamos y nos damos por vencidos».

- «Para serle sincero, no me siento cómodo cuando oro con mi esposa. La amo mucho, pero no me gusta sentir como que me predican cuando oramos juntos».

Si bien las malas noticias son que un cincuenta y cinco por ciento de las parejas que encuestamos no oran juntos, las buenas noticias son que un cuarenta y cinco por ciento oran juntos como parejas de Amor y Respeto. Pero eso no es todo. Nuestras investigaciones demuestran que las parejas que oran juntas son más propensas a cosechar toda clase de beneficios, incluyendo una comunicación mejor y más frecuente, salir de «cita» con mayor frecuencia, y relaciones sexuales más frecuentes.

¿Sugieren beneficios como éstos que la oración es una especie de amuleto mágico? Por supuesto que no. Cualquiera que ha pasado algo de tiempo en oración sabe que uno no ora por los «beneficios garantizados» que pudieran ganarse. No obstante, cuando oramos con fe, frecuentemente suceden cosas interesantes. Una esposa me escribió para decirme que «le dolía el cerebro» cada vez que trataba de hallarle explicación a por qué un hijo rebelde se vuelve al Señor pero otro no, o por qué un individuo se sana del cáncer pero otro no. Pero ahora tiene un enfoque diferente.

> **PERSPECTIVA:**
> Debemos orar en todo tiempo no «por los beneficios» sino por la bendición de saber que estamos obedeciendo el mandato de Dios a orar.

Continúa diciendo en su carta: «Sin embargo, este año he sido bendecida en muchas, muchas maneras, al haber volcado mi corazón hacia Dios. Hay días llenos de incertidumbre, pero cuando veo al año que pasó como un todo, percibo una presencia guía inconfundible mientras camino en obediencia como hija de Dios».

Lo que estoy escuchándola decir es que la oración siempre «funciona», pero no necesariamente de la manera que ella preferiría. Ella sabe que Dios siempre responde a la oración: a veces con un sí, a veces con un no, y frecuentemente con un «espera un rato». Estas tres respuestas que todos recibimos a nuestras oraciones coinciden con lo que enseño: en el matrimonio estamos expuestos a tener aflicción al menos un veinte por ciento del tiempo o más (consulte el capítulo 5). Si oramos «solo por los beneficios», entonces cuando llegue ese veinte por ciento de aflicciones, tontamente podríamos pensar que Dios de alguna manera nos ha abandonado y que ser fieles en oración (Romanos 12.12) no vale la pena.

A través de los años, Sarah y yo hemos buscado obedecer el mandamiento que Jesús nos dio de orar, no por los «beneficios» que pudiéramos recibir, sino sencillamente porque Él nos ha mandado a hacerlo. La razón más profundamente teológica (y práctica) por la cual oramos es por obediencia al mandamiento que Jesús dio de orar. Sí, nosotros luchamos (al igual que usted) por aprender a equilibrar su promesa de concedernos lo que pidamos en su nombre (Juan 16.24) con la necesidad de pedir conforme a su voluntad (1 Juan 5.14). No obstante, le hemos visto obrar en formas notables después que hemos orado. Sí, sé que los escépticos pueden decir que la respuesta que recibamos es pura coincidencia, pero respondemos que cuando oramos, sucede coincidencia favorable tras coincidencia favorable, y cuando no oramos, suceden muchas menos coincidencias favorables.[1]

De modo que conforme continúe los devocionales juntos como parte de la experiencia de Amor y Respeto, permítame alentarle a que continúen orando y que no desmayen. Mientras oran juntos, verdaderamente aprenderán a amarse y respetarse el uno al otro. ¡Y no será tan solo una coincidencia!

ORACIÓN: Dele gracias al Señor por las bendiciones que siempre están disponibles a través de la oración. Pídale sabiduría para reconocer la diferencia entre «sí», «no» y «espera un rato». Alabe a Dios por ser quien es, no por los beneficios que usted cree que desea.

ACCIÓN: Si están acostumbrados a orar juntos, persistan en ello con un compromiso renovado de obedecer el mandamiento de Jesús. Si les ha resultado difícil hacerlo, intenten un esfuerzo concertado de orar juntos una vez al día por una semana. Luego analicen cómo se han sentido al respecto y lo que cada uno puede hacer para que el otro se sienta más cómodo. (Para preguntas para análisis, consulte la página 227 en el apéndice A.)

CAPÍTULO 14

¿QUIÉNES SON MIEMBROS DE SU COMITÉ MENTAL?

GÁLATAS 1.10:

Pues, ¿busco ahora el favor de los hombres, o el de Dios?
¿O trato de agradar a los hombres? Pues si todavía
agradara a los hombres, no sería siervo de Cristo.

Ella iba retrasada a su junta, de modo que subió a toda prisa a su automóvil, puso marcha atrás para salir del garaje pero se olvidó de abrir la puerta. Pese al golpe, la puerta siguió funcionando, así que ella llamó a su esposo a la oficina para explicarle la causa de la abolladura, le dejó un mensaje y salió a toda marcha. Cuando regresó, vio que él había llegado primero. Su garaje de dos plazas tenía puertas separadas. En letras gigantescas, formadas con cinta adhesiva negra, estaban las palabras «EL» en la puerta intacta, ¡y «ELLA» en la puerta dañada!

Obviamente, el esposo quería que el mundo supiera cuál puerta era de quién. Estaba preocupado de lo que «ellos» pudieran pensar. Esta anécdota inventada comunica un buen punto. Todos tenemos un «comité mental», llamado «ellos», formado por personas cuyas opiniones nos importan. Su comité mental incluye a toda clase de personas: su pareja, jefe, padres, amigos cercanos, amigos no tan cercanos. En el caso del esposo con la puerta de garaje abollada, «ellos» incluía a los vecinos. Él quería que todos supieran que no había duda en cuanto a su pericia como conductor.

Es importante observar que algunas veces incluimos a personas en nuestro comité mental que no debieran estar allí porque ejercen una influencia negativa sobre nuestras vidas en sentido contrario a la Palabra de Dios. La tendencia sumamente humana de preocuparnos de lo que «ellos» pudieran decir es de lo que Pablo está hablando en Gálatas 1.10. Él sabía que si se preocupaba por obtener aprobación humana, nunca agradaría a Cristo. Lo que enseñó a los creyentes gálatas, quienes estaban experimentando toda clase de presión negativa a agradar a personas opuestas al evangelio, sigue siendo sumamente relevante hoy para los cónyuges que buscan practicar Amor y Respeto.

Escucho historias como estas todo el tiempo. La esposa sabe que debe practicar respeto incondicional por su esposo, y aunque va en contra de su naturaleza, hace su mejor esfuerzo porque desea agradar a Dios. Pero ella también admira a su madre feminista y a su hermana mayor, quienes tienen actitudes muy cínicas hacia los hombres. Cuando se burlan y ridiculizan la idea de mostrarle respeto incondicional al esposo, ella pone esta idea en segundo plano, diciéndose que avanzará más lento con esta idea radical para no ganarse la desaprobación de ellas. Agradar a la hermana mayor y a Mamá vence en esta oportunidad.

De modo similar, un esposo decide ser un siervo más sensible y amoroso para con su esposa, quien tiene dos niños en pañales. Pero su padre divorciado y su hermano soltero, que trabaja con él en el taller de troqueles, se burlan cuando él dice que está ayudando a cambiar pañales y a hacer otros quehaceres. «El trabajo de mujeres es trabajo de mujeres», dice Papá, y eso le pone punto final al asunto La próxima vez que la esposa le llama y le pide que compre algunas cosas de camino a casa, él susurra en su teléfono celular que lo hará por esta vez, pero que no le vuelva a llamar a la casa. Agradar a Papá y al hermano vence en esta oportunidad.

Siempre es bueno llevar un inventario de quiénes integran su comité mental, especialmente las personas que saben que usted está intentando poner en práctica Amor y Respeto. Algunos de ellos le apoyan, pero otros, de modo tenue o no tan tenue, le cuestionan o le critican abiertamente. Los miembros de la familia frecuentemente se unen al coro, al igual que los amigos, compañeros de trabajo o miembros de su club, y aun miembros de su grupo de estudio bíblico. Muchas parejas me dicen que cuando deciden poner en práctica Amor y Respeto, pronto enfrentarán decisiones relacionadas con a quién agradarán: el Señor (y unos a otros) o a otra persona. Este puede ser un asunto bastante incómodo.

> **PERSPECTIVA**: Ir en contra de los principios de amor y respeto es desagradar a Cristo.

Si hay en su comité mental personas que le aplican presión para que vaya en contra de sus principios, recuerde que usted fue el que las puso en ese comité. Y así como los puso puede sacarlos, de modo callado y amoroso, pero firme. Ellos ni siquiera tienen que enterarse. Pero usted sí lo sabe, y eso hace toda la diferencia.

ORACIÓN: Dele gracias a Dios que Él afirma su comité mental a través del Padre, del Hijo y del Espíritu Santo. Pídale el valor suficiente para mostrar amor y respeto incondicionales el uno por el otro ante todo tipo de oposición, ya sea abierto o tenue. Si no está enfrentando oposición, ¡dele gracias a Dios por eso también!

ACCIÓN: Haga un inventario de su comité mental. ¿Hay alguien que necesita sacar? ¿Hay alguien que debiera añadir? (Para preguntas para análisis, consulte la página 229 en el apéndice A.)

CAPÍTULO 15

DECIR LA VERDAD... NO SIEMPRE ES FÁCIL

EFESIOS 4.25:

Por lo cual, desechando la mentira, hablad verdad cada uno con su prójimo; porque somos miembros los unos de los otros.

¿Puede, la práctica de amor y respeto, puede conducir a que uno actúe de modo «excesivamente bueno» aun cuando se sienta herido o irritado por algo que su cónyuge ha hecho? Según los mensajes de correo electrónico que recibo, esto no es un problema pequeño. Los esposos y esposas se ven igualmente afectados por la idea de que vivir Amor y Respeto significa que es necesario guardar la paz por medio de permanecer en silencio para evitar los conflictos.

Han llegado a la conclusión equivocada de que de alguna manera es mejor permanecer callado cuando uno se siente poco amado o respetado. Razonan que si fueran «realmente espirituales», no tendrían sentimientos negativos, así que cuando ocurren las irritaciones, reprimen esos sentimientos. Les decimos que aunque sus intenciones son buenas con este enfoque, no es saludable ser demasiado tolerantes con los asuntos de importancia. De hecho, si evitamos el Verdadero Problema —sentirse poco amado o poco respetado— puede a la larga tornarse en una actitud desamorosa o irrespetuosa, y el Ciclo Loco entra en marcha.

Podría ser tentador evitar el conflicto potencial por medio de decir nada, pero las Escrituras no recomiendan este método. Si bien hay «tiempo de callar», también hay un «tiempo de hablar» (Eclesiastés 3.7).

Y por difícil que sea durante ese «tiempo de hablar», debemos hablar la verdad. Su cónyuge merece recibir la verdad de usted, aun si usted tiene la tendencia de «ponerse en neutro» y dejar que otros le empujen. Dé pasos pequeños pero consistentes para aprender a descifrar sus sentimientos negativos y ser honesto con su pareja. La clave, por supuesto, es decir suavemente la verdad.

Por desgracia, resulta demasiado fácil «ser honesto» en una manera que precipita una discusión, la cual puede transformarse en una pelea. Cuando tal cosa ocurre resulta bastante natural llegar a la conclusión de que su pareja no quería escuchar lo que usted tenía que decir. Pero las cosas muchas veces no son así. Es la *forma* en la que hablamos no el contenido de lo que decimos lo que incita al conflicto.

Así que tenemos que cambiar nuestra manera de hablar, como lo hizo una esposa que se vio en la necesidad de hablar con verdad para aclarar lo que su esposo esta-

> **PERSPECTIVA:**
> Guardarse los sentimientos negativos no es muestra ni de amor, ni de respeto ni de sabiduría. Exprésalos aunque con prudencia.

ba sintiendo, al igual que dejar en claro lo que ella sentía. Ella explica: «Mi lucha mayor era asumir que él estaba pensando mal de mí, e interpretar malas intenciones en sus afirmaciones inocentes. Gradualmente estoy aprendiendo a comunicarle mis temores, a reaccionar de manera más respetuosa cuando me siento herida, y a aceptar el amor que él me muestra de tantas maneras».

Esta dama lo ha captado. El versículo clave de hoy se encuentra en un contexto que tiene mucho que decir en cuanto a las relaciones cristianas, incluyendo el matrimonio. Al escribirle a la iglesia de los efesios, Pablo dice: «En cuanto a la pasada manera de vivir, despojaos del viejo hombre... y renovaos en el espíritu de vuestra mente» (Efesios 4.22–23). Luego en su primera sugerencia específica sobre cómo hacerlo, dice: «Por lo cual, desechando la mentira, hablad verdad cada uno con su prójimo; porque somos miembros los unos de los otros» (Efesios 4.25).[1]

Cuando Pablo dice que «somos miembros los unos de los otros», está hablando del cuerpo de la iglesia, el cual ciertamente incluye a todos los creyentes casados. Además, ¿quién es un «prójimo» más cercano que su cónyuge?

Su cónyuge merece que usted le diga la verdad. Haga su mejor esfuerzo por decirla con amor y respeto.

ORACIÓN: Pídanle al Señor que les fortalezca para hablar la verdad el uno con el otro con humildad y gentileza cuando se sientan poco amados o irrespetados. Pídanle que les ayude a comprender que es inútil dejar estas cosas sin tratarlas porque «un buen cónyuge no debiera sentirse de esta manera». Denle gracias de antemano por ayudarles a tener un matrimonio en el cual el amor y el respeto siempre están en crecimiento.

ACCIÓN: Una pareja que conozco coloca pequeños letreros alrededor de su casa que dicen: «Háblame como si me AMARAS» y «Háblame como si me RESPETARAS». ¿Qué mejor manera de facilitar el decirse la verdad el uno al otro? (Para preguntas para análisis, consulte la página 230 en el apéndice A.)

CAPÍTULO 16

Los sentimientos no son hechos; disciérnalos

PROVERBIOS 16.25:

*Hay camino que parece derecho al hombre,
pero su fin es camino de muerte.*

Hemos visto lo que *suprimir* los sentimientos puede hacer para llevar a un matrimonio al Ciclo Loco (vea el capítulo 15). ¿Qué puede ocurrir cuando se *expresan* sentimientos que pudieran mal entenderse gravemente? En la búsqueda de practicar Amor y Respeto parece sumamente fácil entrar en un desacuerdo sencillo, quizás en una discusión. En momentos como esos resulta fácil para Rosa sentir desamor y para Azul sentir irrespeto.

Por ejemplo, cuando un desacuerdo empieza a subir de tono, Azul puede tornarse repentinamente apartado y distante, lo cual hace que Rosa se sienta como un felpudo; que tiene toda la razón al pensar que su esposo puede actuar como el hombre menos amoroso del planeta.

O quizás es Azul el que se siente atacado. Todo lo que intentaba hacer era expresar su opinión y, sin embargo, Rosa parece estarle regañando, sin permitir que diga una sola palabra. Él podría pensar que tiene toda la razón de pensar que se ha casado con una pariente cercana de la Bruja Malvada del Oeste.

¿Acaso estos sentimientos que pueden irrumpir en nuestras mentes corresponden con los hechos? Un esposo que parece frío e insensible podría sencillamente estar en retirada porque se siente en desventaja con su esposa en lo verbal y necesita calmarse. La esposa podría sentir desamor, pero esos sentimientos podrían ser incorrectos. La esposa que parece ser exigente o regañona podría sencillamente sentirse temerosa e insegura, y lo que realmente desea es que se le reitere que es amada. El esposo podría sentir que es irrespetado, pero sus sentimientos podrían estar equivocados.

Puede que algunos de los ejemplos que utilizo parezcan exagerados y que hagan aparecer a las personas como que están en el Ciclo Loco, pero cuando uno está atento a los «hechos vs. los sentimientos», el punto está claro: resulta muy fácil decir o hacer cosas que hieren y que conducen a malos sentimientos de uno u otro grado. Y también resulta fácil quedar convencido que nuestros sentimientos son los correctos, ¡hasta el punto de pensar que es la voz del Espíritu Santo diciéndonos cómo nuestra pareja no nos está amando o respetando!

Pero los sentimientos no son hechos. Como nos enseña Proverbios 16.25, lo que «parece derecho» puede estar alejado de los hechos. De hecho, puede estar tan alejado que «su fin es camino de muerte». Los eruditos señalan que la palabra hebrea que se traduce «muerte» también puede interpretarse en sentido figurado como «ruina». En tales casos, lo que «parece derecho» puede arruinar la conversación, arruinar toda la noche, arruinar la esperanza de intimidad sexual, arruinar la relación y, eventualmente, arruinar el matrimonio.[1]

En Mateo 18, Jesús demuestra la importancia de confirmar los hechos cuando recurre a la ley judía para enseñar a sus discípulos a no permitir que las emociones les gobiernen al momento de enfrentar a personas que están en pecado (ver Deuteronomio 19.15). Jesús estaba hablando de la aplicación de disciplina en la iglesia, pero he empleado este principio para aconsejar a muchas parejas casadas que de inmediato reconocen la aplicación correcta a su situación: *debemos hablar de hechos y no de sentimientos*. Cuando los sentimientos hacen que acusaciones acaloradas queden a flor de labio, es momento de dar un paso atrás y decir: «Me siento poco amada (o irrespetado) por la manera que estoy interpretando lo que has dicho o hecho. Estamos a punto de darle marcha al Ciclo Loco. Hablemos de mis sentimientos y tratemos de llegar a los hechos».

Sarah y yo empleamos este enfoque, en lugar de confiar en nuestros sentimientos que pudieran *parecer correctos*, pero que eventualmente pueden arruinar nuestra relación. Algunas veces, cuando las emociones se alteran y uno de nosotros (o los dos) sencillamente está convencido de que tiene la razón, resulta difícil calmarse y enfocarse en los hechos, pero siempre vale la pena hacerlo. Esperamos que usted haga lo mismo, ¡siempre por amor y respeto!

> **PERSPECTIVA:** Lo que «parece correcto» puede arruinarlo todo. ¡Atente a los hechos!

ORACIÓN: Reconozcan que los sentimientos de desamor y de irrespeto pueden ajustarse a la situación, pero no siempre. Denle gracias a Dios por el principio bíblico de que es necesario confirmar todos los hechos. Confiesen que sus sentimientos no siempre equivalen a la voz de Dios y pídanle sabiduría para distinguir los sentimientos de los hechos, mientras se dan amor y respeto el uno al otro. (Tal vez deseen orar sobre situaciones en el trabajo, o posiblemente en la iglesia, en las cuales los sentimientos fuertes podrían estar ocultando los hechos.)

ACCIÓN: Siempre recuerden que Rosa y Azul usan gafas diferentes y usualmente ven los hechos de modo diferente. Cuando los sentimientos se tornan fuertes, permitan que cada persona describa los hechos mientras la otra escucha detenidamente a lo que se dice. Luego trabajen en busca de una solución. (Para preguntas para análisis, vean la página 231 en el apéndice A.)

CAPÍTULO 17

¿QUÉ ES LO QUE REALMENTE ESTÁ SUCEDIENDO?

PROVERBIOS 15.13:

Mas por el dolor del corazón el espíritu se abate.

Temprano en nuestro matrimonio, yo trabajaba como consejero, y me tocaba dar clases de seminario a 112 kilómetros de distancia. Dirigía grupos pequeños, vivía con un presupuesto limitado e intentaba ser un buen esposo y padre. Era una agenda abrumadora que me dejaba poco tiempo para pasarlo con Sarah. Había momentos en los cuales Sarah también se sentía abrumada y, siendo una Rosa típica, deseaba hablar.

«Nunca pasas tiempo conmigo y siempre estás ocupado», me decía ella, y ahora recuerda que con cierta frecuencia veía que mi espíritu desmayaba porque me empujaba en exceso. Frustrado, yo levantaba la mano y decía: «¡Ya basta!» Luego la marginaba porque me negaba a hablar. Lo que ninguno de nosotros comprendía en aquel entonces era que la falta de respeto que ella exhibía me hacía cerrarme. Yo sentía que ella me estaba diciendo que era inadecuado como hombre.

Años después descubrí que hay veces que lo que parece ser el problema, no es el verdadero problema. Cuando Sarah y yo recordamos aquellos primeros años, vemos que el problema aparente, que no estábamos pasando suficiente tiempo significativo juntos, era importante, pero que el Problema Real que me hacía cerrarme y me llevaba a marginarla era que me sentía irrespetado.

En otras ocasiones era yo el que la hacía desmayar a ella. Por ejemplo, recuerdo haber intentado dar excusas por no haberla estado escuchando cuando me compartía lo que había en su corazón. No solo fracasé en la labor de conectarme y sentir empatía, sino que presenté una excusa débil tal como: «Me distraje con un pensamiento que me vino a la mente». Eso la llevaba a una frustración completa y su espíritu se hundía. El problema, que yo no la escuchaba, se convirtió en un problema más profundo: ella se sentía poco amada, como que no me importaba. Aunque no llegué a quebrantar su espíritu, sentía que yo me alejaba, desconectándome emocionalmente de ella. Aunque yo no comprendía el Problema Real, percibí que si trataba a Sarah continuamente en formas que la hacían sentir poco amada, yo podría llegar a quebrantar su corazón.

El versículo clave de hoy nos advierte que «por el dolor del corazón el espíritu se abate» (Proverbios 15.13). Esa es la razón por la cual cuando el semblante o las palabras de su pareja parecen describir algo más serio que lo que el tema en cuestión amerita, vale la pena prestar atención y mirar más profundo. En una escena del Antiguo Testamento, Jacob se sintió confundido y luego provocado cuando su esposa Raquel estaba indispuesta y de modo patente le espetó: «Dame hijos, o si no, me muero».

Con enojo, Jacob le respondió: «¿Soy yo acaso Dios, que te impidió el fruto de tu vientre?» Raquel en realidad no estaba amenazando con suicidarse. Celosa de su hermana porque no había podido darle hijos a Jacob, Raquel sencillamente necesitaba que él le asegurara que podían confiar en Dios juntos en cuanto a tener hijos. El verdadero problema era que Raquel necesitaba amor y comprensión, y Jacob no lo captó (vea Génesis 30.1–2).

Con mucha frecuencia, cuando el corazón de un cónyuge está triste, frustrado o enojado, el problema aparente nada tiene que ver con el problema verdadero. Sarah y yo tenemos muchos años de estar buscando el problema más profundo de sentir poco amor o irrespeto, y hemos podido calmar emociones que amenazaban con salírsenos de control. Es asombroso ver cuántos conflictos pueden evitarse cuando uno discierne lo que realmente está sucediendo.

PERSPECTIVA: A menudo, lo aparente no es lo real; lo real es siempre un asunto de amor o de respeto.

Sé que ustedes pueden hacer lo mismo porque continuamente escucho los testimonios de parejas que se han unido a nosotros en el esfuerzo por detectar cuando un problema está saliéndoseles de las manos. Como dijo una esposa: «Tom y yo tuvimos un desacuerdo la otra noche, y él dijo: "Mira, no entremos en el Ciclo Loco". Logramos resolver el problema (¡el cual casi se convirtió en un problema de Amor y Respeto!) y nos sentimos más cerca el uno del otro como resultado».

Y a eso, yo digo: ¡Amén!

ORACIÓN: Dele gracias al Señor por la sabiduría que nos ofrece Proverbios 15.13, la cual nos permite discernir que a veces cuando un corazón se siente triste, hay un problema más profundo en el espíritu de esa persona. Pídale que le guíe para buscar y encontrar el problema real: ¿se están dando amor y respeto el uno al otro? (Tal vez desee tener un tiempo adicional de oración por problemas relacionados con sus hijos en este momento. Pida sabiduría para discernir el Problema Real: alguien podría estarse sintiendo poco amado o poco respetado.)

ACCIÓN: Cuando enfrenten un problema que esté saliéndoseles de las manos, uno de ustedes puede decir: «Siento que el Ciclo Loco está a punto de empezar. Discutamos esto con calma y no permitamos que se convierta en algo que haga que uno de nosotros sienta desamor o irrespeto». (Para preguntas para análisis, vea la página 232 en el apéndice A.)

CAPÍTULO 18

John Wooden: Un Legado de Amor y Respeto para las Edades

PROVERBIOS 3.35:

Los sabios heredarán honra, Mas los necios llevarán ignominia.

Mientras trabajaba en este libro, la televisión, las radios y la Internet informaron que John Wooden, el legendario entrenador de baloncesto en UCLA, había pasado de este planeta al cielo apenas cuatro meses antes de su centenario.

Sus logros atléticos son increíbles. Nació en 1910, apenas diecinueve años antes de que se inventara el baloncesto. Llevó al equipo de baloncesto de su escuela secundaria al campeonato estatal de Indiana, y luego ayudó a los Boilermakers de Purdue a obtener el título de la NCAA siendo nombrado Jugador Universitario del Año. Pero su fama real vino cuando desde 1948 a 1975 fue entrenador de los Bruins de UCLA; sus equipos lograron cuatro temporadas perfectas de 30–0, ochenta y ocho victorias consecutivas, treinta y ocho victorias consecutivas en torneos de la NCAA, veinte campeonatos de la PAC-10 y el logro sin precedentes y jamás repetido de diez campeonatos nacionales de la NCAA.[1]

A medida que los reportes y elogios empezaron a fluir, la palabra *legado* (o *herencia*) me vino rápidamente a la mente. Conocido con el apodo cariñoso de «Coach», John Wooden será recordado por enseñar a sus jugadores a ser primero hombres de honor con valores sólidos. Su Pirámide del Éxito adorna un sinnúmero de paredes y se continúa enseñando por todas partes. Sus famosos dichos, conocidos como *Woodenismos*, se citan de modo continuo. A continuación hay unos cuantos de las docenas de dichos que utilizó para inspirar e instruir a sus equipos:

- Si no tienes tiempo de hacerlo bien, ¿cuándo tendrás tiempo de hacerlo de nuevo?
- El talento es dado por Dios. Sé humilde. La fama es dada por el hombre. Sé agradecido. La presunción se la da uno mismo. Sé cuidadoso.
- El fracaso no es mortal, pero el negarse a cambiar podría serlo.[2]

John Wooden se convirtió en cristiano en su penúltimo año de secundaria, y permitió que su fe en Cristo guiara todo lo que hizo como jugador, entrenador, maestro y esposo. En una entrevista que concedió cerca del final de su vida, afirmó: «Solamente hay una clase de vida que realmente es ganadora, y es la del que pone su fe en las manos del Salvador. Antes de que hagamos eso, nos hallamos en un curso sin rumbo que corre en círculo y va a ninguna parte».[3]

PERSPECTIVA: Para lograr una herencia permanente usa de sabiduría probada, la que podrás obtener del Señor.

Lo que también me llamó la atención acerca de John Wooden es que sobresalió en el campo del matrimonio, tal vez más que en ninguna otra cosa. Se casó con Nell, su enamorada de secundaria, justo después de haberse graduado de Purdue en 1932. Su romance con Nell duró cincuenta y tres años, y después que ella sucumbiera al cáncer el 21 de marzo de 1985, continuó por medio de cartas de amor que él le escribió el 21 de cada mes por los siguientes veinticinco años. En esas cartas expresaba su amor, confesaba cuánto la extrañaba y compartía noticias en cuanto a sus hijos, nietos y bisnietos.[4]

El matrimonio de John con Nell terminó mucho antes del nacimiento de la Conexión Amor y Respeto, pero es claro que ellos practicaban el amor y respeto de modo instintivo. Comparando su matrimonio largo y feliz a su andar con el Señor, él dijo: «Ambos requieren de mucho trabajo, pero los beneficios bien valen la pena». Wooden hablaba de cómo su matrimonio con Nell le había enseñado la importancia de hallar paz en sí mismo a fin de pasar por alto las imperfecciones de los demás y aprender a lidiar con los malos entendidos.[5]

Al enseñar sobre la vida de John Wooden, me doy cuenta de qué es lo que lo convirtió en un ser humano tan sobresaliente: *era un hombre que vivía según principios bíblicos*. Su manera de vivir y lo que enseñaba le permitieron dejar un legado edificado sobre su compromiso con Jesucristo. Verdaderamente, como lo dice el proverbio que leímos hoy, «Los sabios heredarán honra». La honra de la que se habla aquí es aquello que en última instancia glorifica al Señor, y esto claramente era la meta de la vida de John Wooden.

Pocos de nosotros podremos igualar los logros de John, pero todos podemos imitarle por medio de edificar un legado perdurable que bendiga a los que vienen tras nosotros. Aquí cito un woodenismo más que puede practicar a diario con su pareja y su familia:

- Considera los derechos de los demás antes de tus propios sentimientos y los sentimientos de los demás antes de tus propios derechos.[6]

No existe manera más práctica de hacer esto que poner el amor y respeto incondicionales en acción. Estas son palabras que puede utilizar todos los días para edificar un legado que nunca se desvanecerá. Como lo dijo el Coach: «Las posesiones materiales, los resultados ganadores, y las grandes reputaciones nada significan ante los ojos del Señor, porque Él sabe quiénes somos en realidad y eso es todo lo que importa».[7]

ORACIÓN: Dele gracias a Dios por la vida de un hombre como John Wooden y pídale que le dé el compromiso necesario para practicar el tipo de sabiduría que Wooden vivió como entrenador, maestro y cónyuge. Pídale que le ayude a aprender cómo lidiar con los errores y malos entendidos, los pequeños y los no tan pequeños. Pídale que le ayude a trabajar más duro en amar y respetar, recordando siempre que el éxito en el matrimonio requiere de carácter, el tipo de carácter que viene del Señor.

ACCIÓN: Dedique unos cuantos minutos a escribir el legado que le gustaría dejar. Cuando usted ya no esté, ¿cómo quiere que los demás le describan? (Para preguntas para análisis, vea la página 233 en el apéndice A.)

CAPÍTULO 19

OLVIDE LAS IMÁGENES NEGATIVAS; DISFRUTE LA PELÍCULA POSITIVA

No juzguéis, para que no seáis juzgados. Porque con el juicio con que juzgáis, seréis juzgados... ¿Y por qué miras la paja que está en el ojo de tu hermano, y no echas de ver la viga que está en tu propio ojo?

U n cuadro verbal que empleo a veces es mi enfoque de «instantánea» vs «película» hacia el matrimonio. A lo que me refiero es a esto: habrá momentos en los cuales su pareja mostrará poco amor o mostrará irrespeto. A esos momentos los denomino *instantáneas*. Suceden, pero no representan el cuadro total de la *película* de la vida de su pareja, la cual es positiva en su mayoría.

Se trata de la relación 80:20 nuevamente (vea el capítulo 5). El ochenta por ciento representa el comportamiento positivo de su pareja, la película, por así decirlo, de cómo es su pareja en realidad: una persona de buena voluntad que nunca tiene la intención de hacerle daño. El veinte por ciento representa aquellos comentarios o acciones negativos (instantáneas) que pueden hacerle pensar que su cónyuge no le tiene buena voluntad. De hecho, si mira esas instantáneas por tiempo suficiente, empezará a juzgarle, impugnando sus motivos y asesinando su carácter. ¡El Ciclo Loco está listo para empezar a rodar!

Es fácil de hacer. Cualquier pareja puede tomar unas cuantas imágenes instantáneas el uno del otro en aquellos momentos menos que ideales, repetirlos en el álbum de su mente y luego proceder a hacer juicios globales que no son precisos en realidad. Por ejemplo:

INSTANTÁNEA: «Mira, ahorita mismo, él no me estaba escuchando mientras cenábamos». Juicio global: «Él es tan descariñado y falto de amor!»

INSTANTÁNEA: «¡Mira! Ella está rebasándose nuevamente en su presupuesto de ropa». Juicio global: «Ella es incontrolable e irrespetuosa».

INSTANTÁNEA: «Mira lo mucho que se enojó por nada en la cocina, justo antes de la cena». Juicio global: «Él es un malvado y nada amoroso».

INSTANTÁNEA: «Esto es algo que sucedió en el dormitorio, cuando el martes por la noche me dijo que nada de sexo». Juicio global: «Ella es fría y no me respeta».

El grave peligro de jugar al juego de las instantáneas es que la instantánea podrá ser cierta, pero el juicio es exagerado y falso. Resulta fácil sacar la conclusión equivocada en cuanto al carácter y los motivos del cónyuge debido a un disgusto o comentario tonto ocasional. En términos bíblicos, hacer semejante juicio equivale a ver la paja en el ojo de su cónyuge pero no ver la viga en el ojo propio. Jesús describió este problema en Mateo 7, cuando nos enseña a dejar de juzgar a los demás (y eso ciertamente incluye al cónyuge).

En verdad, todos tenemos pajas en nuestros ojos. Una esposa podrá ver a su marido como un hombre desenamorado, ¿pero es ella incondicionalmente respetuosa? Un esposo se percata que la esposa es irrespetuosa, ¿pero acaso es él incondicionalmente amoroso? ¿Por qué tornarse tan intolerante e indignado? Si se propone desplegar una imagen instantánea negativa de su cónyuge, esté consciente de que le tocará tener que reconocer una gran cantidad de instantáneas poco favorables de usted mismo.

Juzgar a los demás es un proceso en el cual nadie gana, pero constantemente recibo mensajes por email de personas que típicamente me enumeran de tres a diez instantáneas negativas de lo que sus cónyuges están haciendo. Me presentan este informe a fin de que yo «les comprenda, sienta empatía y ofrezca consejo». Algunos sencillamente están montando un caso en contra de su cónyuge; la mayoría desea hacer lo que Dios quiere, pero se sienten confundidos sobre cómo mejorar sus matrimonios.

> **PERSPECTIVA:**
> Conservar imagines negativas puede robarte recuerdos preciosos. Concéntrate en las que van apareciendo.

Para ayudarles a hacer un ajuste, les doy la siguiente tarea: «Haga una lista de cinco a diez cosas positivas de su pareja y luego envíemela». Eso frecuentemente cambia la percepción de la persona mientras experimenta algunos «momentos de película». Esas cualidades positivas se convierten en un cuadro mayor, una película que es atractiva e irresistible. Muchas mujeres me han dicho: «Me volví a enamorar de mi esposo». El propósito de este ejercicio (y de este devocional) es sencillo: todos tendremos una instantánea de vez en cuando, ¡pero la película de largo metraje es la que cuenta!

ORACIÓN: Dele gracias a Dios que ustedes dos son personas de buena voluntad que son como películas positivas que muestran un cuadro verdadero de quiénes son. Pídale al Señor que les dé sabiduría para no dejar que las imágenes negativas ocasionales les lleven a juzgarse el uno al otro de modo injusto.

ACCIÓN: Si la misma imagen negativa aparece en repetidas ocasiones, siéntese con su pareja y comparta cómo y por qué se siente poco amado o irrespetado. No ataque los motivos ni el carácter; siga buscando el cuadro positivo mayor. (Para preguntas para análisis, consulte la página 234 en el apéndice A.)

CAPÍTULO 20

SEXO Y AFECTO: UNA CALLE DE DOS SENTIDOS

1 CORINTIOS 7.3:

*El marido cumpla con la mujer el deber conyugal,
y asimismo la mujer con el marido.*

S intiendo que su apetito sexual estaba menguando, un esposo le preguntó a su médico si algo andaba mal. El médico le respondió: «Camina cinco kilómetros al día por las próximas tres semanas y luego me cuentas cómo te va». Tres semanas después, aquel esposo llamó al médico, y éste le preguntó: «¿Y cómo anda lo del sexo?» El esposo le responde: «¿Y cómo voy a saber eso? No he visto a mi esposa por tres semanas y estoy a unos 180 kilómetros de casa».

«¿Y cómo anda lo del sexo?» Si hay un asunto que rápidamente puede tornarse en cuestión de amor y respeto, es el sexo. Afortunadamente, Pablo nos da buen consejo para ayudar a que las parejas mantengan una perspectiva positiva en cuanto al sexo, siempre y cuando estén dispuestos a cooperar para beneficiarse el uno al otro. Pablo dice: «El marido cumpla con la mujer el deber conyugal, y asimismo la mujer con el marido» (1 Corintios 7.3). Así se lee en la Reina-Valera 1960, y aparece casi con las mismas palabras en la Nueva Versión Internacional. A primera vista suena como si Pablo estimara que el sexo es una obligación que es necesario cumplirla a regañadientes, si fuera necesario. Y es cierto que el vocablo griego que se traduce «deber» significa darle a la otra persona lo que le corresponde, como una deuda que es necesario saldar.

No obstante, existe otra manera de traducir este vocablo griego que arroja cierta luz sobre este asunto: «El esposo debe satisfacer las necesidades sexuales de su esposa, y la esposa debe satisfacer las necesidades sexuales de su marido» (Nueva Traducción Viviente). Y en la traducción «Palabra de Dios para todos» leemos: «El hombre debe satisfacer a su mujer en todo lo que ella necesita como esposa. De la misma manera, la mujer con su esposo». Cuando el trato justo viene antes de los juegos previos al sexo, el esposo y la esposa se sintonizan con la onda de satisfacerse el uno al otro en lo sexual *y en lo afectivo.* «Y tanto el esposo como la esposa deben cumplir con los deberes propios del matrimonio» (DHH). Cada versión se enfoca en dar, no en recibir, y eso convierte al sexo en un juego completamente distinto al que juegan muchas parejas, el cual frecuentemente oculta el Verdadero Problema: sentirse poco amada o irrespetado.

> PERSPECTIVA: El juego amoroso siempre debe estar precedido por el juego limpio.

A través de los años he recibido literalmente miles de emails de cónyuges que tienen dificultades con el asunto de ser justos uno con el otro en cuanto al sexo. Típicamente, la primera necesidad del esposo es satisfacción sexual, la cual solo su esposa puede darle, mientras que la primera necesidad de la esposa es afecto y la sensación de conexión emocional. (Hay excepciones a estas tendencias generales. Por ejemplo, recibo un buen número de emails de mujeres que afirman ser las que necesitan el sexo con mayor frecuencia.)

No es sorpresa hallar que si la necesidad de un cónyuge no queda satisfecha, él o ella no sentirán inclinación por enfocarse en la necesidad del otro. Y entonces parece ser un impasse. La esposa podría decir: «Si amorosamente satisfaces mi necesidad de afecto yo responderé sexualmente». El esposo podría responder: «Si respetuosamente satisfaces mi necesidad sexual, ya que tú eres la única que puede hacerlo, yo responderé a tus necesidades emocionales». Este es el tipo de toma y daca que muchas parejas desarrollan, pero no es lo que Pablo describe en 1 Corintios 7 cuando habla de ser justos el uno con el otro. Obviamente, Pablo no está diciendo que un cónyuge puede exigir «sexo a cambio de afecto» o que el otro puede exigir «afecto a cambio de sexo».

El sexo y el afecto son los mejores escenarios que le ayudan a usted y a su cónyuge a crecer en el amor y respeto que sienten el uno por el otro en lo físico, en lo emocional y en lo íntimo. Examine el aspecto sexual de su relación como un cumplido que describe lo importante que usted es en la vida de su cónyuge. ¡Usted es la única persona que puede satisfacer esta necesidad de su cónyuge!

En el capítulo 31 hablaremos más acerca del tema del sexo-afecto y su relación con la «sumisión mutua». No obstante, por ahora enfóquese en el hecho de que ustedes dos tienen necesidades legítimas Rosa y Azul que deben quedar satisfechas de modo justo, amoroso y respetuoso. Ninguna de ellas es incorrecta, sino solo son diferentes.

Si uno de los cónyuges no responde como el otro desearía, Cristo hace un llamado a que uno de los dos haga la primera movida. (¡Tal vez el llamado va dirigido a los *dos*!) Como dos individuos maduros, ¿pueden hablar de ello y resolverlo? No hay necesidad de pasar tres semanas sin sexo o sin afecto ni quedar «a 105 kilómetros de casa».

ORACIÓN: Dele gracias a Dios que ustedes dos tienen necesidades que solo su pareja puede satisfacer. Pida sabiduría para satisfacer esas necesidades de modo justo con mutua atención el uno por el otro.

ACCIÓN: Celebrar devocionales relacionados con el sexo puede acercarles o posiblemente iniciar el Ciclo Loco. Compartan el uno con el otro honestamente acerca de sus necesidades en esta calle de dos sentidos. Hablen juntos o posiblemente escríbanse notas acerca de sus necesidades de la manera más amorosa y respetuosa posible. Si el sexo continúa siendo un problema serio, consideren acudir a un consejero cristiano experto. Consulte el apéndice D (página 289) para ver algunos recursos de consejería. (Para preguntas para análisis, consulte la página 235 en el apéndice A.)

CAPÍTULO 21

MANTENGA SU MIRADA EN EL SEÑOR, NO EN EL PROBLEMA

2 CRÓNICAS 20.12:

¡Oh Dios nuestro!... en nosotros no hay fuerza contra tan grande multitud que viene contra nosotros; no sabemos qué hacer, y a ti volvemos nuestros ojos.

E l pasaje de las Escrituras que vemos hoy podría sugerir una situación familiar. Usted se siente impotente ante un problema que puede ir de serio a abrumador. El matrimonio tiene una forma de llevarnos a los momentos tipo «¿Y ahora qué hacemos?», en los cuales ninguna respuesta nos viene a la mente. No sabemos qué hacer con un hijo rebelde, con un informe médico que revela un cáncer, con más deudas que ingresos, con uno de nuestros padres en convalecencia, con la pérdida del empleo. La lista puede ser interminable.

Pero nunca hay que sentirse completamente impotente. Observe el resto del versículo: «y a ti volvemos nuestros ojos». El hombre que pronunció estas palabras tenía problemas realmente grandes. Josafat era rey de Judá en una ocasión en la cual varias naciones enemigas se habían confabulado contra Jerusalén para destruir a todo israelita que hallaran. Pero la primera movida de Josafat había sido acertada: reunió a la nación de Judá a orar, y después de reconocer delante del Señor que realmente no tenía idea de qué hacer, añadió: «y a ti volvemos nuestros ojos».

Usted puede leer el resto de 2 Crónicas 20 para ver cómo Judá se salvó de las manos de sus enemigos porque el pueblo sabía que «no es vuestra la guerra, sino de Dios» (v. 15). Esta historia contiene verdades ricas para toda pareja de Amor y Respeto. Reconozca que esos momentos tipo «¿Y ahora qué hacemos?» pueden causar fricción y tensión entre ustedes. Mirar el problema con ansiedad y preocupación puede dar por resultado un comportamiento desamoroso o irrespetuoso. En pocas palabras, puede caer fácilmente en el Ciclo Loco.

PERSPECTIVA: Cada día nuestros ojos están mirando algo. ¿Miran a Dios o a los problemas?

¡No permita que el problema le quite los ojos del Señor! En el capítulo 11 aprendimos que cuando una esposa Rosa y un esposo Azul se unen a través de la Conexión Amor y Respeto, se convierten en «uno» y adoptan el color Púrpura real de Dios. Este es el momento de unirse como un verdadero equipo, un equipo que viste de Púrpura y que puede enfrentar el problema con fuerza y sabiduría. ¿El problema se esfumará? Probablemente no. Las cosas no siempre terminan de la manera que quisiéramos. Por ejemplo, reflexione sobre Jacobo, el hermano de Juan, en contraste con Pedro. Herodes encarceló a los dos, pero Dios permitió que Herodes decapitara a Santiago (Hechos 12.2), mientras que un ángel libró a Pedro de la prisión (Hechos 12.7). Recuerde que Dios sigue siendo soberano, controlando el desenlace, mientras que nuestro trabajo es mantener los ojos en Él.

El apóstol Pablo enfrentó toda clase de problemas y situaciones desesperantes. Recordando uno de sus viajes misioneros, dice: «pues fuimos abrumados sobremanera... de tal modo que aun perdimos la esperanza de conservar la vida. Pero tuvimos en nosotros mismos sentencia de muerte, para que no confiásemos en nosotros mismos, sino en Dios» (2 Corintios 1.8-9). Pablo aprendió una y otra vez lo que era sentirse impotente, sabiendo que no podía confiar en sí mismo. Aprendió no solo a darle un vistazo a los problemas, sino también a mirar al Señor, poniendo los ojos en Jesús. En este momento usted podría estar o no estar enfrentando circunstancias que parecen dejarle impotente, pero cada día tenemos una oportunidad de confiar en el Señor. Como pareja Púrpura de Amor y Respeto, empiece cada día diciendo: ¡Y a ti volvemos nuestros ojos!

ORACIÓN: Si no están enfrentando problemas graves, denle gracias al Señor. Si están enfrentando algo que parece abrumador, confiesen que son impotentes, que no saben qué hacer, pero que sus ojos están puestos en el Señor. Alábenle, sabiendo que la guerra no es de ustedes, sino de Él. (Tal vez deseen mencionar problemas que estén enfrentando en el trabajo, en la iglesia o en otras situaciones exteriores que les afectan en el hogar.)

ACCIÓN: Den un paso atrás y miren los problemas (o ese problema grande) que enfrentan en este momento. ¿Cuánto está bajo su control? ¿En cuánto están confiando en Dios? Muchos de los problemas no son abrumadores, pero son suficientemente grandes como para apartar nuestra atención del Señor. Además haga un inventario del amor y respeto. ¿Está mirando los problemas tan fijamente que se ha olvidado del amor incondicional por ella o del respeto incondicional por él? (Para preguntas para análisis, consulte la página 236 en el apéndice A.)

CAPÍTULO 22

NUESTRA PARTE «BUENA» PUEDE ESTAR DISPUESTA, PERO LA CARNE ES DÉBIL

ROMANOS 7.18:

Porque el querer el bien está en mí, pero no el hacerlo.

A l igual que usted y su cónyuge, Sarah y yo estamos comprometidos en practicar el principio de la buena voluntad en nuestro matrimonio (vea el capítulo 3). Pase lo que pase, buscaremos la buena voluntad el uno del otro. Y nos proponemos hacer bien el uno al otro en toda forma que podamos, las veces que podamos.

Pero una cosa son nuestras intenciones, y otra cosa la realidad. Proponernos mostrar buena voluntad no es garantía de que tomaremos decisiones acertadas. Como esposo de Sarah, sé que debo ser siervo de Cristo y hacer todo y de todo por ella con un espíritu gozoso, sin preocuparme por mí mismo. Cuando oramos juntos al iniciar nuestro día, resuelvo ser un esposo amoroso, pero antes de la caída de la noche puedo hallarme tratando a Sarah en una manera que a ella le parece desamorosa.

Por ejemplo, Sarah sabe que detesto ir de compras por ropa, así que ella trata de simplificar mi vida por medio de comprarme tres camisas nuevas, una chaqueta y pantalones, y los trae a casa. Pero cuando me pide que saque unos cuantos minutos para probármelos y decidir cuáles piezas me gustan, me irrito. Después de todo, estoy ocupado escribiendo en cuanto al amor y el respeto. No tengo tiempo para cosas como esta. Cuando me dirijo a la recámara para probarme la ropa, muestro mi disgusto, y Sarah se siente poco amada a pesar de que ha intentado ayudarme. ¿Qué pasó con las intenciones que tuve temprano por la mañana de ser un hombre amoroso?

> **PERSPECTIVA:** El espíritu humano está presto y la carne es débil, pero el Espíritu Santo es todopoderoso.

Sarah experimenta lo mismo. Se levanta por la mañana deseando honrar a Cristo y mostrarme respeto, pero de repente sus buenas intenciones se desvían. En mi estado típico de preocupación, no parezco percatarme que nuestra hija, Joy, está llevando la carga de ayudar a varios individuos que conoce y que han tomado muy malas decisiones. Herida por mi insensibilidad, Sarah cede a la tentación de comunicar sus inquietudes de modo algo irrespetuoso: «¿No vas a *decir* nada? ¿No le vas a preguntar si quiere que la ayudes? ¿Y qué si ella llegara a morirse? ¿Cómo te sentirías entonces por no haberle hablado sobre esta carga pesada cuando tenías la oportunidad de hacerlo?» Después de hacerme sentir culpable a mí, Sarah misma pronto se halla sumida en su propia culpa por haberme hablado así. Ha permitido que su enojo contradiga la buena voluntad y el respeto que sentía por mí al principio del día.

En momentos como éstos, los dos nos identificamos con el lamento que el apóstol Pablo expresa en Romanos 7.18: «Porque el querer el bien está en mí, pero no el hacerlo». También pensamos en las palabras que Jesús dirigió a sus discípulos cuando se quedaron dormidos mientras él oraba en el huerto de Getsemaní: «el espíritu a la verdad está dispuesto, pero la carne es débil» (Mateo 26.41).

Entonces, ¿qué hacemos Sarah y yo? Cuando fracasamos en nuestros esfuerzos por demostrarnos amor o respeto, decimos algo como: «Sabes que te tengo buena voluntad, ¿verdad? Perdóname, me equivoqué otra vez». Y la persona que recibe esta disculpa podría responder diciendo: «Te perdono. Sé que me tienes buena voluntad, pero ciertamente hay veces que puedes ser frustrante».

Debido a que Sarah y yo sabemos que el camino al Ciclo Loco puede estar repleto de buenas intenciones, nos recordamos el uno al otro del deseo de mostrarnos buena voluntad. Poner nuestra buena voluntad al descubierto, por decirlo así, es una buena motivación para andar conforme a lo que nuestras palabras expresan. Nunca utilizamos nuestras buenas intenciones para restarles importancia a nuestras malas acciones. Confesamos nuestro pecado y confiamos que Cristo fortalecerá nuestras buenas intenciones para convertirlas en buenas acciones: en amor y respeto.

ORACIÓN: Denle gracias a Dios por las instrucciones claras que nos ha dado en Romanos 7 sobre cómo tratar con nuestros fracasos en cumplir buenas intenciones. Pídanle sabiduría para llevar su matrimonio como Él quiere, siempre comunicando buena voluntad el uno al otro, siempre dispuestos a buscar el perdón cuando ocurre una falla. ¡No permita que el orgullo lo lleve al Ciclo Loco!

ACCIÓN: Dediquen tiempo por separado para enumerar las maneras en las cuales han visto las buenas intenciones desviarse. Intercambien las listas y hablen sobre cómo se pueden ayudar mutuamente para cumplir las buenas intenciones. (Para preguntas para análisis consulte la página 237 en el apéndice A.)

CAPÍTULO 23

DISCULPA, PERO CREO QUE ESTÁS PISANDO MI MANGUERA DE OXÍGENO

ECLESIASTÉS 10.12:

Las palabras de la boca del sabio son llenas de gracia,
mas los labios del necio causan su propia ruina.

Un hombre de negocios de mucho éxito con un matrimonio de cuarenta y dos años, me dijo de una ocasión que su esposa lo había atacado verbalmente de manera muy irrespetuosa. Que él pudo haber respondido de modo igual, pero eligió usar lo que había aprendido de Amor y Respeto, así que le dijo: «Cariño, ¿hice yo algo o dije algo que te pareció desamoroso? Como Emerson dice, tal vez pisé tu manguera de oxígeno. No quiero entrar en el Ciclo Loco. Dime, ¿hice algo que fue desamoroso?»

En este caso, la esposa pidió disculpas y reconoció que había sido su culpa. Evitaron el Ciclo Loco por medio de usar esta frase clave: «tal vez pisé tu manguera de oxígeno», para tratar de determinar qué cosa desamorosa había hecho. De todas las herramientas en el juego de Amor y Respeto, ninguna es más útil que la manguera de oxígeno.

Como suelo decir, la esposa tiene una manguera de oxígeno conectada a un tanque de amor y ella necesita amor como el aire que necesitamos para respirar. Cuando el esposo pisa esa manguera de oxígeno, ella se desinfla por sentirse desamorada. Por otro lado, el esposo tiene una manguera de oxígeno conectada a un tanque de respeto, y necesita respeto como el aire para respirar. Cuando la esposa pisa su manguera de oxígeno, él se desinfla por sentirse irrespetado.

Pisar las mangueras de oxígeno sucede en los mejores matrimonios, y lo hacemos de maneras diferentes, entre las cuales la principal es nuestra forma de usar las palabras. Parafraseando el versículo de hoy, las palabras de amor y respeto del sabio llenan de gracia, pero las palabras poco amorosas y poco respetuosas del necio causan su propia ruina, sin brindarle ningún beneficio.

Irónicamente, resulta fácil pisar la manguera de oxígeno de nuestra pareja sin siquiera intentarlo. Una discusión se convierte en un desacuerdo leve, el cual se intensifica a una diferencia de opiniones verdadera (riña). La cosa va y viene, y las palabras necias vuelan en ráfaga, y una o las dos mangueras de oxígeno resultan aplastadas en el proceso.

PERSPECTIVA: La bomba de aire no es un simple truco; es una herramienta poderosa centrada en Dios.

No tiene por qué ser así, ¿pero qué pueden hacer los cónyuges cuando se ven al borde del Ciclo Loco? (Quizás esto les sucede justo después de haber dirigido una reflexión en un grupo pequeño sobre Amor y Respeto.) Las personas me dicen cómo emplean el cuadro verbal de la manguera de oxígeno para aliviar la tensión y comunicarse las necesidades el uno al otro. En *Amor y Respeto* (página 89), enseño a las esposas a decir: «Eso me pareció poco amoroso. ¿Te resultó mi actitud irrespetuosa?» Y enseño a los esposos a decir: «Eso me pareció irrespetuoso. ¿Te resultó mi actitud poco amorosa?»

Oigo comentarios de parejas que han participado en Amor y Respeto que me dicen que quieren hacer estas preguntas, pero que de alguna manera no se sienten cómodos haciéndolas. Resulta mucho más fácil decir: «Disculpa, ¿estás pisando mi manguera de oxígeno?» O quizás: «Amor, percibo que tal vez he pisado tu manguera de oxígeno. ¿Estoy en lo cierto?» Una vez roto el hielo, es mucho más fácil hablar acerca de quién se siente desamorada o irrespetado.

Algunos cónyuges ni siquiera tienen que usar palabras. Un esposo me dijo que su esposa prefiere decir enfáticamente: «¡Estás pisándome la manguera de oxígeno!», mientras que él prefiere sencillamente llevarse las manos al cuello y actuar como que se asfixia. De cualquier modo, ellos comunican el mensaje y logran intercambiarse palabras sabias y placenteras tales como: «Lo lamento. No me proponía hacer eso. Perdóname, por favor».

¡Salomón tenía razón! Las palabras sabias reciben aprobación, pero las palabras necias son destructoras. Es curioso pero alentador saber que cuando empleamos este sencillo cuadro verbal, suceden cosas buenas. Como me dijo una pareja: «Empezamos a estar atentos a las señales de cuando uno de nosotros estaba pisando la manguera de oxígeno del otro, y eso literalmente revolucionó nuestra relación».

¡Que entre muchas, muchas otras parejas empiece la revolución!

ORACIÓN: Denle gracias a Dios por cuadros verbales sencillos que pueden ayudarle a mostrarse amor y respeto. Pídanle sabiduría para discernir cuándo están pisándose la manguera de oxígeno y valor para hablar de ello, aun si pudiera resultarles difícil hacerlo.

ACCIÓN: Cuando su pareja se desinfla delante de sus ojos, no se defienda diciendo: «Ese es tu problema». Recuerde, siempre es «nuestro problema», y procure determinar cómo y por qué se ha aplastado una manguera de oxígeno. (Para preguntas para análisis, consulte la página 238 en el apéndice A.)

CAPÍTULO 24

ES DIFÍCIL SER NEGATIVO CUANDO SE ESTÁ SIENDO AGRADECIDO

1 TESALONICENSES 5.18:

*Dad gracias en todo, porque esta es la voluntad
de Dios para con vosotros en Cristo Jesús.*

En una escala de 1 a 10 (10 corresponde a «extremadamente»),
¿qué tan agradecidos son ustedes el uno por el otro? Dar
gracias es más fácil cuando las cosas van bien. El problema
es que la vida no siempre va bien. Sin embargo, el versículo de hoy
dice que hemos de dar gracias en *todo* (lo bueno, lo malo y hasta lo
feo), porque todo eso es parte de la voluntad de Dios para ustedes
en Cristo Jesús. Nadie me ha enseñado más acerca de cómo vivir ese
versículo que Sarah. Lo que más admiro es que ella está agradecida
por mí y por el resto de la familia porque puede ver más allá de
nosotros y darle gracias a Dios. Uno de sus versículos favoritos es
Salmos 50.23: «El que sacrifica alabanza me honrará». Ella comparte
lo siguiente de su diario:

> Recuerdo cuando nuestro hijo David sufrió una fractura grave
> de la pierna cuando jugaba béisbol en el octavo grado. Cuando

vi cómo se le rompía el corazón por la pérdida del juego de jugar en las ligas mayores algún día, me di cuenta que no podía reparar ni su pierna ni su sueño. Ahora mi corazón también se estaba rompiendo. ¿Cómo podía pasar por esto? Entonces Dios me mostró que esto no era una crisis de mi hijo, sino que era una crisis de fe para mí. Sabía que era la voluntad de Dios dar gracias en todo, pero esto no se sentía como algo por lo cual dar gracias. Y fue allí que aprendí lo que era el sacrificio de alabanza que se menciona en el Salmo 50.23. Un sacrificio es precisamente eso, un sacrificio. Desde entonces, he elegido dar gracias cuando no veo lo bueno.

Cuando me topé con este versículo durante la recuperación de David, al principio no me pareció como algo natural. Pero entonces pensé en Abraham, a quien se le pidió que sacrificara a su único hijo en el altar. Eso tampoco era algo natural. Me di cuenta que algunas veces tenemos que ofrecer un sacrificio de alabanza aun cuando las cosas no van bien.

PERSPECTIVA: Cuando somos agradecidos estamos en la voluntad de Dios.

Esa fue la primera de muchas veces en mi vida en las que me tocaría ofrecer un sacrificio de alabanza y acción de gracias. Era como un calentamiento previo a un partido, con muchas prácticas intercaladas. Poco entendía que estaba practicando para el juego importante por venir—el día que escucharía las palabras *cáncer de mama*. Continué dando gracias mientras padecía de cáncer de mama y mi mastectomía doble. Cada vez que ofrecía mi acción de gracias como sacrificio, sabía que estaba honrando a Dios. Aunque mis circunstancias no siempre cambiaron, algo estaba sucediendo en los cielos y algo estaba sucediendo en mi alma.

Hoy día, Sarah está libre del cáncer. Un cuadro enorme de su paráfrasis de 1 Tesalonicenses 5.18 se encuentra en la pared de nuestra cocina:

DEMOS GRACIAS EN TODO

Ella continúa ofreciendo su sacrificio de acción de gracias con alabanza y adoración, y esto libera su fe y le provee confianza en el amor y el cuidado de Dios. Sabe que Él está obrando, aunque no pueda verlo.

Así, estimula a todos los que estén pasando por un momento de sufrimiento o de confusión para que ofrezcan a Dios un sacrificio de acción de gracias. La aplicación en el matrimonio es clara. Algunas veces ofrecemos nuestro sacrificio de acción de gracias al encarar algo que es menos que perfecto o que sencillamente es malo, mes tras mes, año tras año, sin que medie cambio aparente o mejoría y ciertamente sin que ocurra un milagro. Entonces es fácil tornarse negativo hacia la pareja, hacia los hijos, ¡e incluso hacia sí mismo! No caiga en esta trampa. Continúe dándole gracias a Dios sin importar lo que ocurra, porque es difícil tornarse negativo cuando estamos siendo agradecidos.

No importa el ciclo por el cual esté pasando su matrimonio: Loco, Energizante o Gratificante,* le urjo a que utilice el enfoque de Sarah en sus circunstancias. En todo: lo bueno, lo no tan bueno, o ese veinte por ciento de aflicción que de seguro vendrá, mire más allá de sus circunstancias para ver a Dios. ¡De *eso* se trata ser agradecido!

---

* Si desconoce el Ciclo Gratificante, consulte el apéndice B, en la página 278.

ORACIÓN: Denle gracias al Señor por las cosas positivas y buenas que existen en su matrimonio (tal vez quiera hacer una lista). También denle gracias por todos los momentos de aflicción al ofrecerle un sacrificio de acción de gracias al enfrentar desafíos y malas noticias. Pídanle al Señor que los convierta en una pareja de Amor y Respeto agradecida en cualesquiera circunstancias.

ACCIÓN: En sus momentos de oración juntos durante la semana, ofrezcan un sacrificio de acción de gracias y de alabanza. Inicie la práctica de dar gracias toda vez que ore, siempre consciente de que esta es la voluntad de Dios para ustedes en Cristo Jesús. (Para preguntas para análisis, consulte la página 240 en el apéndice A.)

CAPÍTULO 25

NO CREA TODO LO QUE DICE SU CÓNYUGE (ESPECIALMENTE SI HAY ENOJO)

PROVERBIOS 14.15:

El simple todo lo cree; mas el avisado mira bien sus pasos.

Temprano en nuestro matrimonio, un día Sarah me dijo con voz de niña pequeña y hacienda pucheros: «¡No me quieres!» Eso me tomó de sorpresa y me puso a la defensiva; me pareció que estábamos a punto de entrar en el Ciclo Loco. Así es que le pregunté: «¿Por qué dices eso?» Ella respondió: «Bueno, no lo dije de la manera en que lo interpretaste».

Esa afirmación me dejó perplejo. «No me quieres» sonaba a mis oídos como «No me quieres». Me tomó un buen rato llegar a captar que lo que Sarah realmente quería decir era: «Me siento insegura; por favor dime que me quieres».

Constantemente escuchamos de parejas que están aprendiendo que no siempre pueden tomar al pie de la letra los comentarios que se dicen con prisa o en un momento bajo fuerte presión emocional. Tales comentarios usualmente no tienen un significado literal en el sentido de ser juicios incriminatorios. Frecuentemente son clamores en busca de ayuda o comprensión. Para complicar las cosas aun más, el lenguaje corporal y el tono de voz desempeñan un papel importante. Algunas veces la esposa más dulce puede sonar estridente y tener una mirada llena de menosprecio en su rostro. Y el esposo más amoroso puede tener momentos en los que suena duro y el semblante de su rostro parece ser sencillamente iracundo.

Si estuviéramos en control perfecto de nosotros mismos, mantendríamos la templanza mejor (Santiago 1.19) y no hablaríamos palabras necias ni apresuradas (Proverbios 20.29). No obstante, los mejores de entre nosotros pueden experimentar frustración y disgusto y espetar cosas que realmente no queríamos decir, o de las cuales luego desearíamos retractarnos.

PERSPECTIVA: Lo que se dice no siempre es lo que se quiere decir, y lo que significa no es siempre lo que se dice. ¡Descífralo!

Por ese motivo es sabio no necesariamente creer todo lo que dice su pareja, especialmente si él o ella están enojados o frustrados. En muchos casos, la esposa sencillamente busca que el esposo reafirme que la ama, y el esposo sencillamente está pidiendo un poco más de respeto. Mi buzón de entrada está repleto de mensajes que describen escenas como ésta.

Un esposo me escribió para decirme que antes de oír de Amor y Respeto, él y su esposa experimentaban colapsos reiterados. Por sentirse desamada, ella le acusaba de «nunca» o de «siempre» hacer esto o aquello, y él respondía con su mejor esfuerzo por herirla como represalia. Lo que ahora reconoce como el Ciclo Loco se repetía una y otra vez. Entonces asistieron a una de nuestras conferencias de Amor y Respeto:

Si algo aprendí de su programa, fue a «descifrar, descifrar», recordando siempre que Jackie es una mujer de buena voluntad, mi compañera. Ahora (y reconozco que no siempre lo capto), escucho sus clamores por amor como un deseo de que me acerque, de que me conecte con ella. Inevitablemente, mi respuesta amorosa, ya sea por intentar comprenderla o por compartir algo de mi día, resulta en que ella me da un mensaje extremadamente alentador.

¡Bingo! ¡Él lo ha captado!

Y una esposa escribió para compartir cómo ella descifra:

Hace un par de semanas tuvimos una riña terrible y mi esposo me gritó: «¡No me respetas!» Persistimos en la riña y él terminó en el sótano, sollozando frustrado. Finalmente me di cuenta de que él no me estaba juzgando ni incriminando sino que lo que realmente necesitaba era que le diera algo que yo no le estaba dando.

¡Bingo nuevamente!

Estos ejemplos podrían sonar un tanto extremos, pero aun en el caso de parejas bien ajustadas, es fácil dirigirse el uno al otro de modo desamoroso o irrespetuoso. Creo que el pasaje de las Escrituras de hoy dice a los casados que no sean ingenuos (como lo fui yo al principio de nuestro matrimonio) tomando todo lo que se dicen al pie de la letra. Cuele y sopese con prudencia esas palabras acaloradas o apresuradas. Determine lo que su pareja *realmente* está tratando de decir. Funciona para Sarah y para mí, ¡y puede funcionar para usted!

ORACIÓN: Pídanle al Señor que les ayude a descifrar el significado real detrás de las palabras de cada uno de ustedes, especialmente si uno o los dos están disgustados. Pídanle también dirección para suavizar su tono y semblante a fin de comunicarse el uno al otro lo que desean profundamente: la reafirmación del amor y del respeto.

ACCIÓN: Estén dispuestos a mirar más allá de exclamaciones tales como: «No me quieres» o «No me respetas» (o palabras con ese sentido). No interprete esos comentarios como acusaciones incriminatorias, sino como invitaciones a animar y afirmarse. Como persona madura, diga: «Cariño, realmente te amo. Perdóname por no demostrarlo como debiera», o: «Por favor créeme que no estoy tratando de faltarte el respeto. Perdóname si así te sonaron mis palabras». (Para preguntas para análisis, consulte la página 241 en el apéndice A.)

CAPÍTULO 26

PERDÓN, PARTE I: PARA EL AMOR Y RESPETO SE NECESITAN DOS BUENOS PERDONADORES

COLOSENSES 3.13:

Soportándoos unos a otros, y perdonándoos unos a otros si alguno tuviere queja contra otro. De la manera que Cristo os perdonó, así también hacedlo vosotros.

Ruth Graham, cuyo matrimonio con Billy duró por más de sesenta años felices y glorificadores a Dios, frecuentemente decía: «Un buen matrimonio se compone de dos buenos perdonadores». Ese comentario, si bien es cierto para todos los matrimonios, se aplica de modo especial a una pareja de Amor y Respeto, porque el perdón es la estrategia final para detener el Ciclo Loco, o mejor aún, para evitar que se inicie. Una paráfrasis del versículo de hoy lo dice todo: perdónense el uno al otro como los perdonó Cristo.

Sabemos que debemos perdonar, pero entre el saber y el hacer puede haber una separación grande. Y cuando uno está sentado en el lado no perdonador de esa separación, se puede pagar un precio elevado. Jesús advirtió a sus seguidores de lo elevado de ese precio cuando enseñó: «mas si no perdonáis a los hombres sus ofensas, tampoco vuestro Padre os perdonará vuestras ofensas» (Mateo 6.15).

¿Estaba Jesús diciendo que la falta de perdón podía costarnos la salvación? No, pero sí puede interrumpir su comunión y favor con el Señor. Dios no nos condena por la falta de perdón, pero sí aplica disciplina. Sarah y yo aprendimos eso temprano durante nuestro matrimonio, cuando en una escena típica por la mañana nos hallábamos en medio de una riña acalorada, en la cual ninguno de los dos estaba dispuesto a perdonar ni a pedir perdón. Aún ardiendo de ira, partí hacia mi oficina

> **PERSPECTIVA:** No perdonar es causarte daño a ti mismo y poner combustible extra en el Ciclo Loco.

en la iglesia para trabajar en el sermón del domingo siguiente. Pero cuando me senté a orar y a leer las Escrituras, los cielos no se abrieron. Dios parecía tener algo en mente. No escuché ninguna voz audible, pero Él me habló con mucha claridad: *Si no perdonas a Sarah ni buscas su perdón, no puedo permitir que mi Espíritu toque a tu espíritu. Las cosas no estarán bien hasta que la llames y te reconcilies con ella.*

La mayor parte de las veces era yo quien extendía, la mano para levantar el teléfono y hacer esa llamada, pero esta vez el teléfono sonó primero. Era Sarah que, buscaba reconciliarse conmigo ¡porque había recibido el mismo mensaje del Señor!

Por lo general, nuestras riñas eran cosa pequeña: dos jóvenes recién casados dándose topes por insignificancias. Nuestros conflictos no eran nada comparados con lo que algunas parejas pasan debido a adulterio, abuso o abandono. Pero no importa si el asunto es grande o pequeño, el camino al perdón es reconocer que el asunto que le motiva a perdonar no es tanto su relación con su cónyuge, sino su relación con Dios. Supóngase que Sarah tiene el cien por ciento de la culpa al ofenderme. Su culpa no justifica mi corazón no perdonador. Puedo seguir sin perdonarla todo el tiempo que quiera. Mientras estoy allí, lamentándome por mis heridas, puedo argumentar con Dios y explicarle el «derecho» que tengo de no perdonar. Pero la ley espiritual de Dios permanece firme: si no perdono, permanezco en un lugar donde el perdón de Dios no alcanza porque el pecado obstaculiza nuestra comunión.

¿Recuerda la escena en la cual Pedro viene a Jesús queriendo saber cuántas veces debe perdonar? Él da un valor calculado que espera que impresione a Jesús: siete veces. Eso era el doble de lo que exigía la ley, pero Jesús sencillamente responde: «No te digo hasta siete, sino aun hasta setenta veces siete» (Mateo 18.22). Esta hipérbole deja el mensaje bien en claro para todas las parejas: *perdónense indefinidamente.*

Por supuesto, en este punto usted podrá preguntar: «Bien, Emerson, ¿está queriendo decir que para estar bien con Dios, debemos dejar que las mismas cosas desamorosas o irrespetuosas continúen una y otra vez y nunca hablar de ello?»

De ninguna manera, pero de eso hablaremos en la parte II de nuestro estudio del perdón (vea el capítulo 27). Por ahora, enfóquese en el hecho de que matrimonio de Amor y Respeto requiere de dos buenos perdonadores. Se toleran las faltas uno del otro al perdonar tantas veces como sea necesario, y ambos perdonan por una razón sencilla pero profunda: *porque saben que Cristo les ha perdonado.*

ORACIÓN: Denle gracias a Dios por perdonarles a través del sacrificio de su Hijo. Pídanle la sabiduría y el valor necesarios para perdonarse el uno al otro setenta veces o las veces que sea necesario. (También considere recordar a personas que necesita perdonar en el trabajo, en la iglesia o en otras situaciones, porque eso puede afectar la manera en la cual usted trata a su cónyuge o a sus hijos.)

ACCIÓN: Practique esta semana el «perdón rápido» sin importar cuál sea la ofensa. No permita que las «cosas pequeñas» persistan. Levante ese teléfono y haga esa llamada. (Para preguntas para análisis, consulte la página 242 en el apéndice A.)

CAPÍTULO 27

PERDÓN, PARTE II: ¿TIENE PERDÓN? QUE JESÚS SEA SU EJEMPLO

1 PEDRO 2.21:

Cristo padeció por nosotros, dejándonos ejemplo, para que sigáis sus pisadas.

En el capítulo 26 examinamos algunos fundamentos del perdón: es necesario que perdonemos, pues de lo contrario se interrumpe nuestra comunión con el Señor, y debemos continuar perdonando, una y otra vez. Recuerde que el matrimonio requiere de dos buenos perdonadores. Pero hay mucho más en juego que eso. Una pregunta que continuamente escucho es: ¿exactamente *cómo* es que perdono cuando las heridas son profundas y cuando todavía estoy resentido(a) por el desamor o la falta de respeto?

El apóstol Pedro nos da un buen punto de partida con el versículo clave de hoy. Que Jesús sea su ejemplo y siga sus pisadas (1 Pedro 2.21). Obtenemos la misma idea del escritor de Hebreos, que nos dice que pongamos a un lado todo lo que pueda hacernos tropezar y que corramos la carrera que tenemos por delante, por medio de poner nuestros ojos en Jesús, quien soportó la cruz por nosotros (vea Hebreos 12.1–2).

Si hay alguien que fue profundamente herido, fue Jesús. Veo que Él hizo dos cosas para perdonar y son cosas que nosotros podemos hacer también, si seguimos sus pisadas.

1. Simpatice con su cónyuge (trate de comprender lo que está causando el comportamiento hiriente.)
2. Entregue la ofensa a Dios (suéltela, no permita que el resentimiento siga supurando en su alma).

Simpatizar con su cónyuge podría no ser lo primero que le viene a la mente si usted es la parte ofendida, pero considere que Jesús respondió a un maltrato horrendo con perdón paciente, al orar en la cruz: «Padre, perdónalos, porque no saben lo que hacen» (Lucas 23.34). Jesús perdonó a la turba de judíos y a los soldados romanos por medio de mirar más allá de su crimen atroz y ver la ignorancia, temor irracional y odio ciego que les impulsaba.

Aunque los desaires y ofensas que se sufren en el matrimonio son triviales en comparación, puede seguir el principio del ejemplo de Jesús cuando su cónyuge le ofende a sabiendas o sin saberlo en un sinnúmero de cosas rutinarias que parecen ser parte del matrimonio. ¿Cómo? Por medio de tratar de comprender la causa de la impaciencia, grosería o falta de consideración. Tal vez unos malos hábitos aprendidos durante la juventud han salido a la superficie, tal vez la causa se deba a estrés en el trabajo o por tener que lidiar con los hijos, o tal vez se debe al temor de lo que uno de ustedes puede pensar o decir. La lista puede continuar.

Pero tratar de identificar el problema solo es el punto de partida. No pueden detenerse allí. Es necesario que hablen de lo que ha estado sucediendo. Exprese lo que le ha dolido, pero de modo educado y con tacto. Tal vez sencillamente necesita comunicar que su manguera de oxígeno está siendo severamente obstruida (repase el capítulo 23). O podría ser el momento de hablar una verdad difícil con amor y respeto (repase el capítulo 15). En todas las conversaciones de este tipo usted sabe que puede seguir el ejemplo de Jesús porque está casado con una persona que básicamente tiene buena voluntad y que no busca herirle (vea los capítulos 3 y 22).

Mientras buscan resolver sus sentimientos juntos, recuerden que no pueden esperar el éxito si llegan a la «mesa de negociación» con resentimientos. Para llegar a alguna parte deberá haber presente un espíritu perdonador; obviamente, deberá tenerlo el que se siente ofendido, pero también el que ofendió podría sentirse a la defensiva o tener razones para también sentirse ofendido. Lo cierto es que tal vez ambos tengan que perdonar antes de que todo haya terminado.

Y no deje de soltar la ofensa. Entregue su dolor y frustración a Dios. Niéguese a mantenerse asido a los restos de un espíritu no perdonador. Sí, sé que el dolor puede permanecer, pero confíe en que Dios le ayudará a entregarlo todo. Cuando Jesús sufrió, Él «encomendaba la causa al que juzga justamente» (1 Pedro 2.23), y usted podrá hacer lo mismo en medio de dificultades no tan intensas.

> **PERSPECTIVA:** Sentirte ofendido es fácil pero perdonar está dentro de ti cuando andas en los pasos del Señor.

Cuando simpatiza con su cónyuge, tenderá a hablar con comprensión y compasión en lugar de con enojo y juicio. Al encomendar sus «heridas» al Señor, reducirá las expectativas que tiene su cónyuge de lo necesario para una sanidad total y se crea una calma y sabiduría en su enfoque. ¿Pueden besarse y reconciliarse? Tal vez, pero lo que más importa es que Jesús ha sido su ejemplo. ¡Usted ha seguido sus pasos!

ORACIÓN: Denle gracias al Señor Jesús por el ejemplo que les dio de cómo perdonar. Pídanle la sabiduría y la gracia para comprender y luego entregar el asunto.

ACCIÓN: Perdonar ofensas realmente hirientes es un área delicada. Si tienen problemas de este tipo, hablen juntos sobre cómo confrontar la situación (y no tan solo confrontarse el uno al otro). Tal vez deseen repasar el capítulo 16, «Los sentimientos no son hechos; disciérnalos», al igual que los capítulos previamente mencionados. Si uno de los cónyuges se siente muy herido, el otro deberá hacer el esfuerzo por comprender. Hablen juntos con Dios, pidiéndole ayuda al lidiar con la ofensa. (Para preguntas para análisis, consulte la página 243 en el apéndice A.)

CAPÍTULO 28

No importa lo que sienta, confíe en las Escrituras más que en sus sentimientos

1 CORINTIOS 13.11:

Cuando yo era niño, hablaba como niño, pensaba como niño, juzgaba como niño; mas cuando ya fui hombre, dejé lo que era de niño.

Seguramente toda pareja de esposos estará de acuerdo de que el matrimonio es un crisol de emociones y sentimientos, algunos de éxtasis, otros buenos, otros malos o que no dan ni frío ni calor. Pero el matrimonio no puede sobrevivir a base de sentimientos solamente. Se supone que los sentimientos se atenúan con juicio racional, con el sentido común y, también, en un matrimonio cristiano, por medio de preguntar: ¿Qué dice la Biblia?

Billy Graham, que bien podría decirse es el evangelista mejor conocido y más eficaz de todos los tiempos, se hizo famoso por la frase: «La Biblia dice..». Este era su distintivo al predicarles a más de dos mil millones de personas a lo largo de su carrera y era su credo en el hogar con Ruth, su esposa y alma gemela por casi sesenta y cuatro años. Billy y Ruth tenían lo que muchos estiman como un matrimonio modelo, lleno de su amor por ella y del respeto de ella hacia él y hacia el ministerio al cual Dios le había llamado. Ella era la primera en aconsejarle y en criticarle, y además era su compañera y confidente, su amante y su amiga. Ella pasó muchos días y horas sola criando a sus cinco hijos y manejando el hogar mientras Billy andaba en alguna de sus cruzadas. Él reconocía abiertamente que sin el apoyo incondicional de ella, no podría haber cumplido lo que Dios le había llamado a hacer.

No tengo duda de que Billy y Ruth Graham tenían un matrimonio así de fuerte porque la Palabra de Dios ocupaba el primer lugar, por encima de sus propios sentimientos. Ellos iban en contra de la corriente popular que dice que los sentimientos gobiernan y que las emociones justifican las acciones. En mis más de treinta y cinco años de consejería matrimonial, he oído a muchos esposos y esposas que se muestran reacios a no darle rienda suelta a sus emociones, no importa lo que diga la Biblia.

> **PERSPECTIVA:** Las emociones pueden equivocarse. Lo que dice la Biblia siempre es correcto.

Por ejemplo: «¡Pero Emerson, mis sentimientos son *reales*! ¿Me estás diciendo que niegue mis sentimientos, como el enojo que tengo por mi pareja? Tú y Sarah se enojan el uno con el otro, ¿no es así?»

Respondo lo siguiente: «Es cierto. Nuestros sentimientos siempre son reales para nosotros, pero eso no significa que están bien delante de los ojos de Dios». No importa cuál sea la emoción, las Escrituras deberán sobrepasar nuestros sentimientos pecaminosos.

Hay sentimientos que son muy reales pero que pueden estar muy equivocados. Yo acostumbraba hacer berrinches en el suelo. Esos sentimientos eran reales, pero eventualmente dejé de hacerlos (creo que fue durante mi segundo año de seminario). Obtuve una mejor perspectiva. Me di cuenta de que lo que me había disgustado no era tan malo como pensaba o imaginaba. Pablo lo describe perfectamente en el pasaje de hoy: «Cuando yo era niño, hablaba como niño, pensaba como niño, juzgaba como niño; mas cuando ya fui hombre, dejé lo que era de niño» (1 Corintios 13.11; véase también 1 Corintios 14.20).

Pablo también enseña a los creyentes a ser maduros y a crecer y ser como Aquel a quien profesan seguir (Efesios 4.13–15). Esto está en el corazón de Amor y Respeto. Desde que Sarah y yo empezamos este ministerio, hemos buscado ayudar a parejas de casados (incluyéndonos a nosotros mismos) a ser más maduros en Cristo y a crecer hasta llegar a ser las personas que Él desea que seamos. Hemos recibido literalmente cientos de cartas a través de los años de esposos y esposas que dan testimonio de cómo Amor y Respeto, ya sea a través de libros o de una conferencia, ha traído el poder de la Palabra de Dios a sus vidas.

Un hombre con más de treinta años de casado leyó Amor y Respeto y El Lenguaje de Amor y Respeto, y aparte de las Escrituras, la mejor parte para él fueron las cartas y testimonios, además de las experiencias que Sarah y yo compartimos acerca de nuestras propias luchas y pasos de fe. Mientras leía, pudo ver a personas reales que experimentaron el poder y la verdad de la Palabra de Dios. Escribe: «Era como leer acerca de héroes de la fe de la época moderna que confiaron en Dios sin importar nada más, que creen que Él es quien ha dicho ser y creen sus promesas. ¡Eso es tan motivador y alentador! Personas reales con la gracia real de Dios vertida sobre sus vidas que cuando creen en Cristo, le siguen en obediencia completa, sin importar lo que se esté comunicando, las emociones que experimenten o las circunstancias en las que se encuentren».

Este hombre lo ha captado. Sus palabras referentes a obedecer a Cristo «sin importar nada más» lo dicen todo. Los sentimientos son reales, sí, pero en un matrimonio de Amor y Respeto, la Palabra de Dios vence los sentimientos. Siempre.

ORACIÓN: Pídanle al Señor sabiduría para tratar con los sentimientos, sin importar lo correctos o reales que parezcan ser. Denle gracias por el avance que hayan experimentado en su crecimiento en Cristo a medida que practican el amor y respeto.

ACCIÓN: Pase lo que pase esta semana, hágase la pregunta: Sé cómo me siento, ¿pero qué dicen las Escrituras? (Para preguntas para análisis, consulte la página 244 en el apéndice A.)

CAPÍTULO 29

RECUERDE, DIOS DISEÑÓ A SU CÓNYUGE. ¡SEA PACIENTE!

EFESIOS 4.1–2:

Os ruego que andéis como es digno de la vocación con que fuisteis llamados, con toda humildad y mansedumbre, soportándoos con paciencia los unos a los otros en amor.

C uando piensa sobre la manera en la cual Dios diseñó a su cónyuge, ¿qué es lo que viene a su mente? Sabemos que somos tan diferentes como lo son el rosa y el azul (vea el capítulo 2), pero esto abarca mucho más que eso. Sea Rosa o Azul, su cónyuge es un diseño único de dones, temperamento y pasiones. Usted se enamoró de ese diseño, pero tal vez ha descubierto que no es perfecto, después de todo. Por algún motivo, hay veces en las cuales usted puede sentirse disgustado, irritado o hasta enojado cuando su cónyuge solo está siendo la persona que Dios creó. En momentos como esos, todos necesitamos paciencia, una cualidad que todos reconocemos como importante. Frecuentemente oramos pidiendo paciencia mientras que secretamente deseamos que Dios se apure ¡y nos envíe una dosis bien grande de ella!

En Efesios 4.1–2 el apóstol Pablo insta a los seguidores de Cristo a combinar la humildad y la gentileza con paciencia, lo cual conduce a mostrar tolerancia y aceptación de las diferencias entre ustedes. Es el tipo de paciencia que faculta a Rosa y a Azul a apreciar cómo Dios ha diseñado a cada uno de ellos, especialmente en aquellos momentos en los cuales se provoquen e irriten unos a otros.

Nunca dejo de maravillarme por la forma tan diferente en que Dios nos diseñó a Sarah y a mí. Años atrás nuestros temperamentos y dones individuales causaron fricciones innecesarias porque no tolerábamos nuestros enfoques diferentes a alguna situación. Por ejemplo, Sarah es empática, se enfoca sobre la persona que tiene el problema mientras que yo soy un analítico que se concentra en el problema que la persona tiene. Ella se pregunta por qué a veces parezco ser tan indiferente, y yo me pregunto por qué ella se pone tan emotiva. Pero ahora que nos hemos convertido en un equipo verdadero, hemos aprendido a aceptar y apreciar nuestros diseños individuales y únicos. La paciencia del uno para con el otro ha descendido sobre nuestro matrimonio, al menos la mayor parte del tiempo.

> **PERSPECTIVA**: Dios diseñó a tu cónyuge solo para ti. Ten paciencia.

Al igual que cualquiera otra pareja, todavía tenemos que trabajar para ser gentiles y aceptarnos, y estar conscientes de lo que sucede cuando la impaciencia manifiesta su presencia intolerante. Y no es sorpresa que hemos aprendido que cuando uno de nosotros tiene una necesidad, esto puede irritar al otro. Sarah puede estar clamando por amor cuando habla apresuradamente y con un sentimiento intenso, pero no tiene la intención de ser irrespetuosa. Cuando levanto la voz para decir mi punto con autoridad, siento que necesito un poco más de respeto, pero no es mi intención ser desamoroso. Y así va. Las oportunidades de ser pacientes el uno con el otro abundan todos los días.

Me gustan las palabras de esta esposa: «Me estoy apoyando en Dios para obtener mucha paciencia. Pido en oración que Jon y yo podamos determinar cómo hacernos sentir amados y respetados en nuestra relación».

Sentirse amado o respetado. Esa parece ser la meta que siempre necesita un poco más de esfuerzo cada día. ¿Puedo presentarle un desafío? Reconozcan sus dones diferentes, cómo cada uno de ustedes, Rosa y Azul, funciona según el diseño perfecto de Dios. Su Espíritu dará el fruto de paciencia cuando ustedes de modo humilde y gentil se muestren tolerantes el uno con el otro con amor y respeto. Persista en ello y recuerde: ¡se necesita mucha paciencia para aprender paciencia!

ORACIÓN: Denle gracias al Señor por sus dones y temperamentos individuales, y pídanle perdón por su impaciencia. Pídanle sabiduría para apreciarse el uno al otro con amor y respeto. También pídanle a Dios ayuda con las situaciones en el empleo, en la iglesia o en otras situaciones que ponen a prueba su paciencia y afectan su interacción en el hogar.

ACCIÓN: En esta semana, hagan un esfuerzo especial por verse el uno al otro desde el punto de vista del diseño de Dios. Reconozca que Él no creó los dones, temperamento, género, pasiones de su cónyuge con el propósito de frustrarle y enfadarle. Conversen acerca de lo que significa ser pacientes el uno con el otro en diferentes situaciones. (Para preguntas para análisis, consulte la página 245 en el apéndice A.)

CAPÍTULO 30

IMPACTE A LOS DEMÁS CON AMOR Y RESPETO

1 CORINTIOS 12.6:

*Y hay diversidad de operaciones, pero Dios, que
hace todas las cosas en todos, es el mismo.*

Habiendo recorrido cierto trecho con estos devocionales, tal vez es hora de hacer un inventario del impacto que Amor y Respeto están teniendo sobre su matrimonio. ¿Cuál de las afirmaciones siguientes le describe en este momento?

- Tenemos luchas con el Ciclo Loco, pero estamos persistiendo.
- Hemos progresado, pero nos falta mucho por recorrer.
- No tenemos todo en su lugar aún, pero sentimos entusiasmo. ¡Esto funciona!
- Observaciones: _____

No importa cómo evalúe su matrimonio en este momento, quiero desafiarle a pensar en compartir qué cosas le han impactado hasta aquí. Sé de muchas parejas que pudieran tener luchas para edificar un matrimonio bíblico, pero aún así han abierto sus hogares y se han beneficiado por compartir este mensaje con otros que también tienen luchas.

Si esta enseñanza ha afectado su matrimonio en alguna manera, ya podría ser hora de empezar a difundir el mensaje de Amor y Respeto. ¿Cómo? Quizás podría obtener un juego de DVD de la conferencia (www.loveandrespect.com) e invitar a varias parejas a ver la primera sesión. Lo que frecuentemente ocurre es que algunos de sus invitados querrán continuar y ver la serie completa. Ustedes no tienen que ser expertos sobre Amor y Respeto para organizar a un grupo pequeño, solo hay que estar abiertos y ser entusiastas. Tómelo como algo en lo que todos salen ganando. No importa en qué punto se encuentre en su propio matrimonio, teniendo luchas o logrando avances reales, cubrir estos principios junto con otras parejas le rendirá beneficios enormes. Las personas responderán y cosas maravillosas pueden llegar a suceder, como lo describe esta carta:

> Debido a las diferencias enormes entre nosotros, nuestro pastor
> nos pidió que organizáramos una actividad para ver su serie
> de videos. Dios seguramente le habló porque nosotros éramos
> los menos calificados para hacer eso. De hecho, ¡yo misma no
> hubiera querido escucharme hablar! Pero el cambio en nosotros
> fue tan asombroso que un ochenta por ciento de nuestra iglesia
> asistió. Tres de estas parejas iban rumbo al litigio... ¡algunos
> están sintiéndose amados por primera vez en sus vidas!

Recibimos carta tras carta como esta. Esto es lo que informa un esposo después de haber servido como anfitrión de un grupo en su casa:

> Pues nos fue tan bien que nuestro pastor obtuvo una copia de
> *Amor y Respeto* y predicó un sermón al respecto. Me preguntó si
> mi esposa y yo estaríamos dispuestos a que se nos entrevistara

delante de toda la iglesia para apoyar este programa. Estuvimos de acuerdo y hasta nos divertimos haciéndolo. Este ha sido el resultado: se nos ha pedido que organicemos este seminario por DVD para otros grupos pequeños. También estamos haciendo presentaciones en privado para dos parejas cuyos matrimonios están en muy malas condiciones, y otras iglesias nos están pidiendo que seamos anfitriones de seminarios por DVD para ellas.

¿Le entusiasman historias como éstas, le intimidan, o tal vez un poco de ambas cosas? Una forma de explicar el versículo clave de hoy es que existen diferentes clases de dones y habilidades que pueden convertirse en diferentes clases de ministerios y que tendrán diferentes tipos de resultados (vea 1 Corintios 12.4–6). ¿Está Dios pidiéndole que abra su hogar a otras parejas o que presente este material en una clase de Escuela Dominical? Aquí hay otra idea: ¿Qué le parece organizar una conferencia de Amor y Respeto por video para toda su iglesia y para otras iglesias en su comunidad?

> **PERSPECTIVA:** Si con el Amor y el Respeto estamos obteniendo ganancias, quizás sea hora de compartirlas.

¿Qué necesita hacer? Sencillamente dé un paso de fe. ¿Qué efecto tendrá? Como lo dice el apóstol Pablo, Dios trabaja de formas diferentes en nuestras vidas. Desconozco qué impacto tendrá, pero al dar un paso de fe, sencillamente confíe que Dios hará una obra a través de usted para su gloria. Preparados. Listos. Fuera. ¡Dios!

ORACIÓN: Denle gracias a Dios por tocarles con su mensaje de amor y respeto. Pídanle que les guíe a considerar qué pudieran hacer para compartir este mensaje con otros. Si ya están haciendo algo con un grupo, pídanle que obre milagros en medio de ustedes.

ACCIÓN: Esta semana, investiguen los recursos disponibles en www.loveandrespect.com/store. Según Dios les guíe, piensen sobre un marco en el cual pudieran aprovechar estos recursos, e inviten a otros a unirse a ustedes. (Para preguntas para análisis, consulte la página 246 en el apéndice A.)

CAPÍTULO 31

SUMISIÓN MUTUA, SEXO Y LOS MARTES POR LA NOCHE

EFESIOS 5.21:

Someteos unos a otros en el temor de Dios.

E s la noche del martes (aunque podría ser cualquiera otra noche de la semana). Juan ha estado bajo bastante presión en el trabajo y siente la necesidad del alivio que solo María puede brindarle. Después de la cena, toca el tema pero recibe una mirada poco entusiasta de parte de María, que durante todo el día ha estado hasta las sienes atendiendo al bebé. Al llegar a este punto, la escena puede desarrollarse en diferentes maneras: (1) Juan se siente rechazado y se aleja de María por el resto de la noche. (2) María accede pero se siente usada y nada satisfecha cuando Juan satisface su deseo. (3) Los dos resuelven la situación, empleando los principios de sumisión mutua dados en Efesios 5.21.

¿Sumisión mutua? Recuerdo que al principio de nuestro matrimonio yo oraba: *¿Señor, cómo es que Sarah y yo vamos a someternos mutuamente el uno al otro si me has llamado a ser la cabeza?* La voz inaudible de Dios habló a mi corazón: *La sumisión mutua tiene menos que ver con las decisiones específicas y más que ver con la actitud. Tú te sometes a* la necesidad que tiene Sarah de amor por reverencia a mí, y ella se somete a tu necesidad de respeto por reverencia a mí. No importa cuál sea el desacuerdo, los dos pueden mostrar amor y respeto y así satisfacer la necesidad más profunda el uno del otro. Esto es lo que significa someterse mutuamente por reverencia a mí. Me di cuenta que por medio de practicar el amor y respeto, la sumisión mutua es posible.

Suena como una buena teoría, ¿pero puede funcionar el martes por la noche? Juan quiere sexo; María está exhausta y no tiene deseos. La sumisión mutua parece imposible. En el capítulo 20 vimos el sexo y el afecto como una calle de dos sentidos. Típicamente la primera necesidad del esposo es sexo y la primera necesidad de la esposa es afecto y conexión emocional. Observe que dije: «típicamente». Recibo numerosos emails de esposas que desean más intimidad sexual; ¡sus esposos las están privando de ella! Pero el principio que Pablo establece en 1 Corintios 7.3 permanece firme: los dos cónyuges deben buscar lo justo, dándole al otro lo que le corresponde.

> **PERSPECTIVA:** La sumisión mutua es la única manera de vivir equitativamente.

Y en 1 Corintios 7.4 Pablo aclara la conexión entre el sexo, el afecto y la sumisión mutua: «La mujer no tiene potestad sobre su propio cuerpo, sino el marido; ni tampoco tiene el marido potestad sobre su propio cuerpo, sino la mujer". La autoridad mutua conduce a la sumisión mutua.

¿Cómo? Bueno, Juan puede responder a la negativa de María el martes con comprensión (y no desencanto) y ella puede sugerir esperar hasta el miércoles, cuando ella dejará a los niños con la abuela por la noche. La clave es comunicarse, solucionar la situación. Lo comparo a subirse a un subibaja. Aunque la experiencia del subibaja puede parecer injusta a uno de los dos en una noche en particular, con el paso del tiempo Juan y María pueden experimentar una sensación de equilibrio. Mientras circulan por esa calle de dos sentidos: sexo para él, afecto para ella, crean equilibrio a través de la sumisión mutua.

La pareja dispuesta (vea los capítulos 3 y 22) puede resolver este asunto del sexo y del afecto si mantiene ciertos pensamientos básicos en mente:

- Siempre recuerde que Rosa y Azul tienen circuitos diferentes, preferencias diferentes. Asuma que su cónyuge tiene buena voluntad hacia usted, no importa qué. Los dos pueden tener la razón, aunque sean diferentes.
- En la búsqueda de la sumisión mutua, evite a toda costa tratar de castigar al otro como medio de «motivación». Los seguidores de Cristo saben instintivamente que esto destruye toda oportunidad de actuar por reverencia a Cristo. En todos los asuntos maritales, el amor y reverencia por Cristo debe ser nuestra motivación principal.

Corran el riesgo y admítanse sus vulnerabilidades el uno al otro. Si el sexo o el afecto hacen falta en un matrimonio, uno está negando al otro lo que necesita. Pablo sabía el peligro que esto representa y aconsejó a los corintios que dejaran de negarse unos a otros, salvo por consentimiento mutuo, pero que volvieran a unirse «para que no os tiente Satanás a causa de vuestra incontinencia» (1 Corintios 7.5). Sin embargo, al expresar sus propias necesidades y vulnerabilidades, asegúrese de expresar también su deseo de comprender y de satisfacer la necesidad de su cónyuge. Y recuerde, *ustedes son amigos*, y los amigos siempre buscan comprenderse mutuamente.

El Señor es Señor de la habitación principal. Ha dado al esposo y a la esposa autoridad mutua, y por implicación hace un llamado a la sumisión mutua. Resuelvan la situación sabiamente, con amor y respeto.

ORACIÓN: Denle gracias al Señor que ha dado a los dos de ustedes voz igual en asuntos tales como el sexo y el afecto. Denle gracias, también, que los dos se tienen buena voluntad el uno hacia el otro, aunque tengan necesidades y preferencias diferentes. Pídanle sabiduría para hallar el equilibrio correcto a través de la sumisión mutua.

ACCIÓN: Cuando surja tensión como resultado de los deseos de sexo o de afecto, niéguense a juzgarse el uno al otro como si uno de los dos estuviera equivocado. Hablen del asunto como *amigos*, buscando comprender la necesidad del otro. Si el sexo continúa siendo un problema serio, consideren acudir a un consejero cristiano hábil. Vean el apéndice D (página 289) para recursos de consejería. (Para preguntas para análisis, consulte la página 247 en el apéndice A.)

CAPÍTULO 32

EL ENOJO PUEDE SER PELIGROSO... MANÉJELO CON CUIDADO

EFESIOS 4.26–27:

Airaos, pero no pequéis; no se ponga el sol sobre vuestro enojo, ni deis lugar al diablo.

En el capítulo 28 hablamos acerca de siempre someter nuestras emociones y sentimientos «reales» a la norma de las Escrituras. En lugar de gruñirnos unos a otros («¡Déjame decirte unas cuantas cosas!»), buscamos ser adultos amorosos, respetuosos y ciertamente maduros que buscan hacer lo que la Biblia dice.

La madurez cristiana involucra muchas cosas, pero ciertamente incluye saber cómo procesar el enojo. De hecho, creo que no existe emoción más peligrosa que un matrimonio tenga que enfrentar que el enojo. El apóstol Pablo no enseña que todo enojo es malo, sino que lo que cuenta es lo que hacemos con el enojo. «Airaos», escribe Pablo, «pero no pequéis; no se ponga el sol sobre vuestro enojo» (Efesios 4.26). Usted probablemente ha escuchado estas conocidas palabras en más de un sermón. La pregunta es, ¿cómo se pueden usar las instrucciones de Pablo mientras se practica Amor y Respeto?

Pablo sabía que tener sentimientos reales es algo muy humano, pero dejar que sentimientos reales se conviertan en sentimientos duros que perduran con furia es infantil y peligroso. Cuando el enojo toma control, el diablo está listo para hacer su movida y meterle al Ciclo Loco. A Satanás le encanta el Ciclo Loco; es su medio favorito de transporte ¡y él quiere viajar en él con usted!

El diablo siempre anda maquinando algo, y uno de sus blancos favoritos es su matrimonio. Pero existen maneras de estar despiertos y listos para las maquinaciones de Satanás (Efesios 6.11–18). Por ejemplo, ha pensado alguna vez, después de tener un intercambio acalorado de palabras: *Ese no fui yo. ¿Qué me pasó?* Lo que le pasó fue el diablo. No le poseyó, pero el enojo que usted sentía le dio la oportunidad de, usándolo a usted, hacer su trabajo (2 Corintios 2.11).

Trate de recordar que durante las tensiones matrimoniales es fácil caer en lo que yo llamo «modo predeterminado», es decir, comportarse de una manera que refleja la tendencia humana en forma más pecaminosa que santa. Si no se tiene cuidado, uno sigue los sentimientos subjetivos y pecaminosos, justificándolos porque son «tan reales». Si se siente frustrado, puede caer en enojo pecaminoso. Si se siente herido, puede caer en buscar represalias. Si desea

> **PERSPECTIVA**: Cuando la ira tiene el mando, el pecado y el Diablo se salen con la suya.

«dejar un punto bien claro», puede caer en decir un comentario hiriente. Justificar tales sentimientos por medio de denominarlos como «justa indignación» no impresiona al Señor en absoluto. ¿Qué dice la Biblia? «La ira del hombre no obra la justicia de Dios» (Santiago 1.20).

El resultado final: cuando usted cae en el modo de «solo ser humanos» y alimenta su naturaleza carnal, le da un punto de apoyo al diablo que no habría tenido si controlara su enojo. Pero no es necesario caer en nuestro modo predeterminado, es posible derrotar las maquinaciones del diablo por medio de clamar a Dios por ayuda. Sí, usted puede tener sentimientos muy reales de frustración hacia su cónyuge, pero eso no justifica perder el control de las emociones ni decir cosas hirientes. Sí, usted puede estar enojado, pero usted escoge no pecar. Usted se siente genuinamente herido por el malentendido, pero sabe que es un malentendido sincero y decide dar un paso atrás, contar hasta diez y darse tiempo para calmarse. Un enfoque que podría intentar es leer Proverbios 14.29 en voz alta tres veces (o diez, de ser necesario): «El que tarda en airarse es grande de entendimiento; Mas el que es impaciente de espíritu enaltece la necedad».

El enojo puede ser el medio más rápido para entrar al Ciclo Loco. Pero, como dice Sarah: «No tenemos que permanecer allí». No negamos nuestro enojo, ni nos atacamos impulsivamente el uno al otro. Tratamos de hallar un punto en común por medio de dar un paso atrás para calmar el enojo y luego nos acercamos el uno al otro para discutir nuestros sentimientos. De esa manera nos bajamos del Ciclo Loco y disfrutamos juntos de la puesta del sol.

ORACIÓN: Pídanle al Señor sabiduría para derrotar a Satanás, el maquinador que busca obtener un punto de apoyo en su matrimonio a través del enojo pecaminoso. Denle gracias por el progreso que han logrado en el control del enojo y por no permitir que los sentimientos reales se conviertan en sentimientos duros.

ACCIÓN: Cuando me dé cuenta que me estoy enojando, me diré: *No dejaré que el sol se ponga sobre mi enojo*. Antes de poner la cabeza en la almohada, mi enojo habrá desaparecido. (Para preguntas para análisis, consulte la página 248 en el apéndice A.)

CAPÍTULO 33

TODAS LAS COSAS AYUDAN A BIEN... TARDE O TEMPRANO

ROMANOS 8.28:

Y sabemos que a los que aman a Dios, todas las cosas les ayudan a bien, esto es, a los que conforme a su propósito son llamados.

«Cuando uno de ustedes cometa un error, controle el enojo que sienta y confíe en Dios por completo, no importa lo que pase».

Estas palabras fueron un consejo que di a mi hijo Jonathan y a su esposa Sarah en una carta especial que les escribí, dieciocho meses después de haber oficiado su ceremonia matrimonial en un escenario como de cuento de hadas en Mackinac Island, en Michigan. Repito una de las historias que incluí en esa carta a continuación. Es una historia que puede ser difícil de creer, pero es verídica.

Teníamos menos de un año de casados cuando Sarah y yo llegamos a casa de mis padres para visitarles un fin de semana. Mientras me preparaba para acostarme, observé que había olvidado el estuche de mis lentes de contacto, de modo que improvisé (un error fatal). Para guardar mis lentes de contacto por la noche, llené dos vasos para jugo con agua y coloqué un lente en cada uno, y luego coloqué los vasos encima del tanque del servicio sanitario, en un lugar bueno y «seguro». A la mañana siguiente, hallé uno de los vasos vacío ¡y mi lente había desaparecido! «¡Sarah!», grité. «¿Hiciste algo con mis lentes de contacto que estaban en los vasos sobre el servicio?» Cuando escuché:«¡Oh, no!» sabía que tenía un problema. «Me levanté por la noche y usé uno de esos vasos para tomarme una píldora» Furioso como una avispa, rugí: «¡¿Hiciste *qué*?! ¿Cómo pudiste? Por el amor de Dios, ¡te BEBISTE mi lente de contacto!» Cuando Sarah se unió a mí en el baño, dejó la puerta abierta. Por ser jóvenes y estar muy enamorados, carecíamos de habilidad para manejar el enojo. Herida por mis palabras, tan acaloradas que hasta mis padres podían escuchar, Sarah replicó: «¿Y a quién, en su sano juicio, se le ocurre no poner un aviso que dijera: "No usar"?» Respondí por medio de poner en duda la cordura de Sarah también, preguntándome por qué alguien bebería de un vaso colocado sobre el tanque de un servicio sanitario. Ella se preguntó por qué alguien dejaría un vaso de agua allí si no quería que nadie lo usara. Dimos vueltas y vueltas, sin sentido alguno. El hecho de que no teníamos dinero para reemplazar el lente de contacto, un artículo costoso en aquel entonces, solo alimentaba nuestra frustración y enojo. Finalmente, nos calmamos. Me sentí tonto por haber explotado contra Sarah y, para colmo, delante de mis padres. En menos de una hora, Sarah y yo oramos juntos e invitamos a mis padres a unirse a nosotros. Mientras los dos pedíamos perdón por nuestro enojo, reclamamos la promesa de Romanos 8.28 según la cual Dios haría que todas las cosas ayudaran a bien a los que le aman. Mi oración fue breve: «Señor, tú sabes lo que pasó. Que sea hecha tu voluntad y tu buena obra. Gracias».

Debido a que no podíamos sufragar este gasto inesperado, acudí al optometrista temiendo lo peor. Para no alargar la historia, recibí

PERSPECTIVA: Ama a tu Señor y confía en Él. Él lo está haciendo ya.

lo mejor. Mis ojos siempre habían necesitado lentes de aumentos diferentes. Las pruebas del doctor demostraron que necesitaba lentes más fuertes en ambos ojos, pero que la lente que me quedaba tenía el aumento preciso que necesitaba uno de mis ojos, de modo que solo tenía que obtener un lente nuevo. ¡Sarah se había tragado el lente de contacto que de todas maneras habría tenido que reemplazar!

Sarah y yo nos alegramos por las buenas noticias, tomándolas como una señal de que Dios realmente hace que todas las cosas ayuden a bien a los que le aman, aún las cosas triviales. Pero supongamos que me hubiera sido necesario adquirir dos lentes nuevos. ¿Habría Dios fallado en cumplir su promesa dada en Romanos 8.28? Por supuesto que no. Dios no siempre nos envía finales felices desde nuestro punto de vista, pero Él siempre hace que las cosas ayuden a bien a los que le aman (y a veces permite que se traguen los lentes de contacto para que podamos ver en realidad).

Dios ha hecho que las cosas ayuden a bien en nuestras vidas mientras aprendemos que un buen matrimonio no se trata de ser comunicadores perfectos que nunca pierden los estribos, sino que cuando lo hacemos, hablamos con él y escuchamos sus respuestas. No se trata de permanecer enojados el uno con el otro por días debido a una equivocación; se trata de tragarnos nuestro orgullo, detenernos a orar y buscar la guía de Dios. Con el paso de los años hemos aprendido que permanecemos en el camino correcto cuando *confiamos en Dios completamente, no importa lo que pase.* Les urgimos a que ustedes hagan lo mismo, sabiendo que Él hace que todas las cosas ayuden a bien... tarde o temprano.

ORACIÓN: Denle gracias al Señor que cuando suceden cosas frustrantes o malas, de alguna manera, o en algún momento, Él hará que las cosas ayuden a bien. Pídanle sabiduría y fe para creer la promesa que Él dio en Romanos 8.28.

ACCIÓN: Cuando ocurren cosas malas, tome un tiempo aparte, cálmese y luego acuda a Dios en oración, confiando que Él hará que las cosas ayuden a bien conforme a su tiempo perfecto. (Para preguntas para análisis, consulte la página 249 en el apéndice A.)

CAPÍTULO 34

¿BUSCA USTED COMPRENDER O SOLO DESEA SER COMPRENDIDO?

SANTIAGO 1.19:

Todo hombre sea pronto para oír, tardo
para hablar, tardo para airarse.

En su opinión, ¿cuál es el problema más grande que enfrenta la mayoría de los matrimonios hoy? ¿La falta de comunicación o la falta de comprensión mutua?

Muchas personas me dicen que su problema más grande es la falta de comunicación. Otros se preguntan si alguna vez llegarán a comprenderse el uno al otro; algunos piensan que esto es imposible. Como un esposo dijo a su esposa: «Pues yo soy Azul y tú eres Rosa, así que olvídalo, no se supone que te comprenda».

Obviamente él no lo había captado, pero afortunadamente su esposa sí, y aunque ella se sintió herida por su comentario ultra-Azul, respondió: «Pues, cariño, lo que capté de la enseñanza de Emerson es que sí, tú eres Azul y yo soy Rosa, pero eso significa que tengo que trabajar duro para pensar fuera de mi caja Rosa para tratar de comprender a Azul, y no que sencillamente debo descontarte porque eres Azul».

Esta esposa había comprendido algo que creo que es el desafío más grande en el matrimonio: obtener comprensión mutua. La comunicación ciertamente es un asunto, y dedicamos bastante tiempo a enseñar sobre ello. Pero como digo en *El Lenguaje de Amor y Respeto*, hasta que Sarah y yo llegamos a comprender que ella por ser Rosa «habla de amor» y yo por ser Azul «hablo de respeto», nos pasamos circulando en el Ciclo Loco. Sin embargo, cuando aprendí a hablar la «lengua natal» de amor de Sarah y ella aprendió a hablar mi «lengua natal» de respeto, nos pusimos en camino a la comprensión mutua, lo cual por supuesto conduce a una mejor comunicación.

Observe que dije «nos pusimos en camino». No hemos llegado por completo, pero hemos logrado un progreso excelente. Cuando buscamos comprender el punto de vista del otro al sintonizar nuestros audífonos Rosa y Azul a la frecuencia del otro, la tensión se evapora. El Ciclo Loco vuelve a su jaula y estamos en buenas condiciones.

PERSPECTIVA: Sé presto a escuchar y entender y así será mucho más fácil de que te entiendan.

Otra forma de decirlo es que hemos aprendido que es más importante comprender que ser comprendido. Muchas parejas permanecen en el Ciclo Loco en mayor o menor grado porque siguen insistiendo: «¡Si tan solo *me comprendieras*!» Como lo dice nuestro versículo clave de hoy, Santiago 1.19: «Todo hombre sea pronto para oír, tardo para hablar». Cuando un cónyuge escucha y hace que el otro se sienta comprendido, se coloca en una mejor posición para decir: «Creo que comprendo tu punto de vista. ¿Te parece bien si te explico cómo lo veo yo?»

Recuerde, no importa cuál sea el punto de discusión, el verdadero asunto frecuentemente es el amor y respeto. En realidad, el antiguo proverbio: «Tú me rascas la espalda y yo te rascaré la tuya», entra en juego. ¿Qué esposa va a negarse a tratar de comprender la necesidad que tiene su esposo de respeto si él primero busca comprender la necesidad que tiene ella de amor? ¿Y qué esposo se negará a comprender la necesidad que tiene su esposa de amor si ella primero busca comprender la necesidad que tiene él de respeto?

Una esposa me escribió para contarme cómo su esposo había dicho una de esas cosas azules que la dejó pensando: *¡No puedo creer que dijo eso!* En lugar de ofenderse, ella calmadamente le preguntó qué estaba pensando cuando lo dijo. «Le mostré que quería comprender lo que pensé que le había oído decir. Él lo aclaró, y sin duda, yo había escuchado sus pensamientos azules a través de mis audífonos rosa. Me sentí alentada al ver que esto abrió las comunicaciones entre nosotros. Esto profundizó mi creencia de que puedo hablar acerca de mis pensamientos y recibir aclaraciones sin temor de su respuesta».

¡Bingo! En lugar de responder atacando para dejar en claro que sus sentimientos habían sido heridos, ella trató calmadamente de comprender. Con una pregunta sencilla y calmada, esta esposa los mantuvo fuera del Ciclo Loco y encendió el Ciclo Energizante. Para parafrasear el antiguo consejo del apóstol Santiago, sea pronto para escuchar y comprender en lugar de decir su opinión antes de recibir el punto de vista de su cónyuge. Recuerde este pequeño acertijo: ¿Por qué Dios me dio dos oídos y una boca? ¡Porque quiere que escuche más de lo que hablo!

ORACIÓN: Denle gracias al Señor por tener dos oídos y una boca. Pídanle la sabiduría para saber cómo y cuándo usarlos. Pídanle ayuda para comprender primero y ser comprendido después.

ACCIÓN: Durante las conversaciones de esta semana, practiquen tratar de comprender primero y ser comprendidos después. Una buena frase para buscar comprender al otro es: «Lo que te oigo decir es... ¿Estoy en lo cierto?» (Para preguntas para análisis, consulte la página 250 en el apéndice A.)

CAPÍTULO 35

SÍ SE TRATA DE MÍ, DESPUÉS DE TODO

ROMANOS 14.12:

De manera que cada uno de nosotros dará a Dios cuenta de sí.

Reconozcámoslo. Cumplir los votos matrimoniales que los dos hicieron no es fácil en esta cultura posmoderna. El término *posmoderno* involucra muchas cosas, pero básicamente significa que no hay fuente final de verdad absoluta, y que existe un «creador», éste no es un Dios personal al cual tengamos que rendirle cuentas.[1] En este tipo de entorno la idea de permanecer casados hasta que la muerte los separe ha sido torcida por muchas personas que cruzan los dedos en la ceremonia de bodas y piensan, *bueno, quizás mientras nos dure el amor.* Después de todo, si no hay fuente absoluta de verdad ante la cual debamos rendir cuentas, ¿quién dice cuánto tiempo hay que quedarse casado, especialmente si el amor se ha «desvanecido»?

Por supuesto, los cristianos no pensamos de esta manera, en especial las parejas de Amor y Respeto, así que no hay problema, ¿cierto? Ojalá fuera así, pero la epidemia que me motivó a fundar los Ministerios Amor y Respeto en 1999 sigue afectando a demasiados matrimonios. Los índices de divorcio, tanto dentro como fuera de la iglesia, siguen aumentando por una variedad de razones, pero frecuentemente solo porque «ya no somos felices juntos». Un informe del 2010 publicado en *New York Times* en cuanto a resultados de investigaciones de matrimonios felices resaltaba las dos preguntas siguientes, las cuales supuestamente les ayudan a evaluar qué tan felices son.[2]

> ¿Qué tanto proporciona su pareja una fuente de experiencias emocionantes?
> Conocer a su pareja, ¿cuánto impacto ha tenido en usted para convertirle en una mejor persona?

¿Son preguntas inocentes? En absoluto. Son ejemplos perfectos del modo de pensar posmoderno, el cual no tiene que rendir cuenta alguna a ningún poder superior ni verdad absoluta. El punto de vista tras preguntas como estas no es: ¿Qué ofrece este matrimonio a mi pareja? En lugar de ello, la pregunta que se hace hoy es: ¿Qué me ofrece este matrimonio a *mí*? ¿Mejora mi pareja mi vida en toda forma posible al proveer conversaciones magníficas, compañía maravillosa en Club Med y, por supuesto, romance e intimidad sexual emocionantes? Evidentemente, si alguno de estos elementos está a un nivel promedio o por debajo del promedio, eso entonces debe significar que hacen falta pedacitos y tal vez pedazotes de felicidad.

PERSPECTIVA: Mi matrimonio *sí* se trata de mí, y también de Jesús.

Nos gusta imaginar que las parejas de Amor y Respeto son prácticamente inmunes a este síndrome mundano de «¿Cómo me beneficia esto a mí?» Pero todos sabemos que no es así. Hemos estado en el Ciclo Loco y sabemos lo fácil que es volver a entrar en el mismo. Tiene que haber una motivación diferente para los seguidores de Cristo, y empieza por hacer la pregunta correcta: *¿Qué ofrece este matrimonio a Jesús?* Sí, debo querer poner a mi pareja por encima de mí mismo, pero esto en realidad es un producto secundario de mi primera responsabilidad: agradar a mi Señor y Salvador.

Cuando Sarah concluye la sesión que enseña en nuestras conferencias, sorprende un tanto a la audiencia al decir: «Todo se trata de mí..". Y luego pasa a explicar: «Todo se trata de mi deseo de hacer lo que Dios pide en relación con mi pareja». Sarah está ayudando a todos en la sala a pensar en aquel día cuando «cada uno de nosotros dará a Dios cuenta de sí» (Romanos 14.12). Cuando cada uno de nosotros «comparezcamos ante el tribunal de Cristo, para que cada uno reciba según lo que haya hecho mientras estaba en el cuerpo» (2 Corintios 5.10).

Piénselo de esta manera. ¿Qué nos preguntará Jesús cuando comparezcamos delante de Él en aquel día final a dar cuenta personal de nuestras vidas? Él no preguntará: «¿Qué hizo tu pareja para que tu vida fuera más emocionante?» sino que preguntará: «¿Qué ofrecía tu matrimonio para mí? ¿Buscaste glorificarme al poner tu mejor empeño en amar o respetar incondicionalmente a tu pareja?»

El punto está claro: el matrimonio sí trata de ti, después de todo. No es cuestión de tratar de lograr que su pareja le complazca, sino intentar agradar a su Salvador y Señor. Y si le agrada a Él, por su gracia, usted quedará complacido, ¡eternamente y para siempre!

ORACIÓN: Denle gracias al Señor por su gracia, la cual no solo da salvación, sino que da la fuerza para hacer buenas obras, especialmente en el matrimonio. Pídanle sabiduría para comprender plenamente lo que significa decir: «Mi matrimonio sí trata de mí y de cómo puedo glorificar a mi Señor».

ACCIÓN: Durante la semana siguiente, o quizás por más tiempo, coloque pequeñas notas —en el espejo, en la puerta de la alacena, o en un lugar donde las vea con frecuencia— que digan: «Se trata de *mí*, después de todo». Conversen sobre el ejemplo que este recordatorio tiene sobre la manera en la cual ustedes se tratan el uno al otro. (Para preguntas para análisis, consulte la página 251 en el apéndice A.)

CAPÍTULO 36

¿QUIÉN DA EL PRIMER PASO EN SU MATRIMONIO?

HEBREOS 5:14:

Pero el alimento sólido es para los que han alcanzado madurez, para los que por el uso tienen los sentidos ejercitados en el discernimiento del bien y del mal.

L a gente siempre me pregunta: «¿Quién es el primero en bajarse del Ciclo Loco y subirse al Ciclo Energizante?» Siempre respondo: «Oré en cuanto a la respuesta a esa pregunta, y escuché la voz inaudible del Señor: *el que se considera a sí mismo más maduro es el que da el primer paso*».

Al principio, cuando compartí esa respuesta, me preguntaba si las personas se resistirían a aceptarla porque sugiere que siempre tiene que haber uno que dé el primer paso, y esto no suena «justo». La mayoría de nosotros desea que la otra persona sea la que dé el primer paso, al menos la mitad de las veces. No obstante, después de muchos años, me siento confiado al decir que este comentario motiva de modo positivo a la mayoría. ¿Por qué? Porque los cónyuges en su mayoría se consideran maduros y capaces debido a «que por el uso tienen los sentidos ejercitados en el discernimiento del bien y del mal» (Hebreos 5.14).

Un esposo escribe: «¿Quién da el primer paso? Si es el que es más maduro (y creo que soy maduro), entonces no tengo excusa. No importa quién se sintió herido primero. He compartido esa perspectiva con muchos debido a la diferencia que ha hecho en mi conducta».

Otro hombre dice: «Tenemos dos hijas jóvenes, de cuatro y siete años de edad. Quiero ser el individuo maduro que rompe el ciclo y cambia las cosas. Sé que esto es la voluntad de Dios y también es lo mejor para mi familia. Es difícil y no soy perfecto, pero me esfuerzo por demostrarle amor incondicional a mi esposa».

Una esposa me escribió por email: «Tomé la decisión en ese momento que mi vida contaría para el reino. Para mí, eso significaba aprender la Biblia y obedecer a Dios en mi matrimonio y en cada parte de mi vida. Soy la persona madura y necesito dar el primer paso. Eso me disgustaba antes, pero ahora estoy aceptando que Dios lo exige de mí. Dios capturó mi corazón aquel día como nunca antes lo había hecho».

PERSPECTIVA: Rara vez el más maduro en el matrimonio da el segundo paso.

Como lo atestiguan estas cartas, los pasos maduros dados por cónyuges de buena voluntad influyen positivamente sobre el matrimonio para enfocarlo en el sentido de Dios. ¿Pero cómo se ve ese primer paso? La madurez se manifiesta en múltiples maneras. Aquí hay algunos ejemplos:

- Durante un momento de «compañerismo acalorado», Esteban baja la voz, la cual había alzado previamente, en respuesta a la voz más fuerte aún de Tania. Ella escucha su oferta conciliatoria con claridad.
- Después de que Susana ha espetado palabras irrespetuosas en respuesta a los comentarios desamorosos de Ricardo, ella pide disculpas primero, diciendo: «Perdóname por faltarte el respeto».

- Gabriel hace una lista de tareas pendientes en la casa que están volviendo loca a Lisa. Él dedica todo un sábado a resolverlas, aunque Lisa hace caso omiso de sus ruegos por ser más disciplinada con el presupuesto.
- Aunque Tomás no pasa tanto tiempo con Laura como ella quisiera, ella resuelve eliminar sus tardanzas para que él no tenga que esperarla en el automóvil.

¿Es justo que a uno siempre le toque dar el primer paso? No, por supuesto que no. Hay veces que resulta claro como el agua quién de los dos debiera dar el primer paso. Pero el asunto no se trata de la «justicia» ni de lo que sería equilibrado. Se trata de tragarse el orgullo, hacer el esfuerzo por detener el Ciclo Loco y disfrutar de la motivación del Ciclo Energizante. Como dice en Hebreos 5, la leche espiritual es para bebés y el alimento sólido para los maduros que son capaces de discernir lo correcto y *hacerlo*.

¿Quién se atreve a dar el primer paso?

ORACIÓN: Denle gracias al Señor por poner el ejemplo de siempre dar el primer paso. Pídanle la sabiduría y fortaleza necesarias para dar el primer paso en cada situación, sea grande o pequeña. Pídanle ayuda para detener el Ciclo Loco y permanecer en el Ciclo Energizante, motivados por amor y respeto.

ACCIÓN: Durante la próxima semana (o el próximo mes), practiquen ser el individuo maduro que siempre da el primer paso. Conversen sobre cómo se siente cuando uno da el primer paso para ponerle fin a un impasse, y al Ciclo Loco. (Para preguntas para análisis, consulte la página 252 en el apéndice A.)

CAPÍTULO 37

PARA VENCER EL PASADO, ENFÓQUESE EN LA RECOMPENSA

FILIPENSES 3.13–14:

Hermanos, yo mismo no pretendo haberlo ya alcanzado; pero una cosa hago: olvidando ciertamente lo que queda atrás, y extendiéndome a lo que está delante, prosigo a la meta, al premio del supremo llamamiento de Dios en Cristo Jesús.

Vivimos en una época y cultura obsesionadas con la idea de ganar. Como lo dijo un entrenador de baloncesto de preparatoria de Indiana: «Los fanáticos del equipo de baloncesto de los Hoosiers te aman, ya sea que ganes o que empates».

Lo dijo en broma, por supuesto, pero el punto se acepta. En toda empresa, la derrota realmente no se acepta. Si uno pierde, especialmente si uno cae en una racha de derrotas, la gente empieza a llamarle: «perdedor». Cuando tuve la oportunidad de hablarles a jugadores y entrenadores de los Gigantes de Nueva York, sus esposas y enamoradas acerca de Amor y Respeto, pude conversar posteriormente con el entrenador principal Tom Coughlin, quien me compartió que le había tocado pasar algunas épocas difíciles antes de que los Gigantes llegaran a ser campeones del Super Bowl. Hablamos de muchos de los problemas que tuvo que enfrentar: presión de la prensa y acoso de hinchas fanáticos, especialmente durante las rachas de derrotas. Mientras conversábamos, mencionó que en la NFL los entrenadores son contratados y despedidos como quien mata moscas. Si uno no gana, es: «¡Hasta luego!»

Se me ocurrió que podría obtener algo de sabiduría para compartirla con parejas de Amor y Respeto, así que le pregunté: «¿Cómo se enfrenta la adversidad?» Su respuesta fue inmediata, dicha con convicción: «Manteniendo la mira puesta en el premio».

Tom vive según su credo de «tener la mira en el premio» y lo predica constantemente a sus jugadores y entrenadores auxiliares. Cuando la presión se acumula y las dificultades se multiplican, uno se enfoca en el cuadro grande y en la meta final. Tom obtuvo el puesto de entrenador principal de los Gigantes en el 2004, y en una ciudad como Nueva York, nada vale si no se gana el Super Bowl. A pesar de ser blanco de críticas mordaces y de cinismo, los Gigantes fueron mejorando año tras año, seguían llegando a las eliminatorias, y finalmente, el 3 de febrero del 2008, el campeonato del Super Bowl fue suyo cuando derrotaron a los ampliamente favoritos Patriotas de New England por 17 a 14.[1]

Usted podría estar pensando: *Esa es una historia de deportes agradable, ¿pero qué tiene que ver con mi matrimonio?* Mucho, quizás todo. Usted y su cónyuge forman un equipo, y al igual que todos los equipos tienen sus victorias y sus derrotas. Algunas veces las adversidades parecen golpearles por dentro y por fuera, y uno cae en una racha de derrotas. ¿Qué hacer entonces?

Ya hemos hablado de levantarse de una vez si uno cae (capítulo 1) y de tener el valor de reconocer sus errores (capítulo 6). Pero algunas veces ayuda tener motivación adicional para enfrentar los reveses, y la hallamos en el versículo clave de hoy: Filipenses 3.13–14. Si hay alguien que sabe cómo enfrentar la adversidad, ese es Pablo el apóstol. Fue acosado por los que le aborrecían, rechazado cuando predicaba a Cristo y aun apedreado y dejado por muerto, pero él siguió adelante, con la mira puesta en el premio. ¿Y cuál era el premio? No un anillo del Super Bowl, sino una corona de justicia, entregada en el tribunal de Cristo (2 Timoteo 4.8).

En el estado de Indiana donde hay tal locura por el baloncesto, los entrenadores pueden ser amados únicamente si «ganan o empatan», pero debido a su fe en Cristo, usted es amado, *gane o pierda*. Usted y su pareja pueden seguir adelante, sabiendo que les espera algo glorioso si perseveran. No importa la forma que adopte la adversidad, no importa cuál sea el revés, *no se considere a sí mismo como un perdedor*. Su carrera no ha terminado. Le queda otro día por correr.

En una carta dirigida a los corintios, fanáticos del deporte, Pablo observa: «Todo aquel que lucha, de todo se abstiene; ellos, a la verdad, para recibir una corona corruptible, pero nosotros, una incorruptible» (1 Corintios 9.25). La pregunta para todas las parejas de Amor y Respeto es, ¿qué tan importante es en realidad ese premio eterno? Cuando fracasamos en el esfuerzo de amar o respetar y el Ciclo Loco irrumpe en acción, ¿qué harán? ¿Convertirse en sus propios peores críticos, porque este asunto del Amor y Respeto parece ser demasiado difícil? No si mantiene la vista larga. El matrimonio no es una carrera corta de cincuenta metros; es parte de la maratón que todos los seguidores de Cristo corremos. Como dice Pablo, olvide el pasado con todos sus reveses y derrotas y prosiga. El premio le espera.

> **PERSPECTIVA:** Sea que ganes, que pierdas o que empates, ¡procura siempre obtener el premio!

ORACIÓN: Pídanle al Señor que les ayude a vencer el dolor del pasado, a pesar de lo real que pudiera ser, mientras se enfocan en el premio celestial. Pídanle el valor y la perseverancia necesarios para mantener la mira en el premio: su llamado celestial en Cristo Jesús. Denle gracias al Padre porque Él les ama ganen, pierdan o empaten.

ACCIÓN: Acuerden que cuando sucedan los reveses, se dirán el uno al otro: «Olvidemos la derrota de ayer. Enfoquémonos en las oportunidades de hoy, debido al premio de mañana». (Para preguntas para análisis, consulte la página 253 en el apéndice A.)

CAPÍTULO 38

¿ES MI RESPUESTA *SIEMPRE* MI RESPONSABILIDAD?

JUAN 8.31–32, 36:

Si vosotros permaneciereis en mi palabra, seréis verdaderamente mis discípulos; y conoceréis la verdad, y la verdad os hará libres... Así que, si el Hijo os libertare, seréis verdaderamente libres.

E n el lleva y trae de un matrimonio de Amor y Respeto, ¿cuál de las afirmaciones siguientes es verdadera?

A. Mi respuesta podría ser mi responsabilidad.
B. Mi respuesta podría ser responsabilidad de mi pareja.
C. Depende de la situación; podría ser de uno o del otro.

La respuesta correcta, por supuesto, es «ninguna de las anteriores». Cuando se busca amar o respetar incondicionalmente a su pareja, su respuesta *siempre* es su responsabilidad. No hay manera de escaparse con la frase «podría ser». Oh, a todos nos gusta pensar que existe alguna forma de evadir la responsabilidad. Yo lo hago a veces. *Seguramente*, me digo, *debe haber una razón por la cual mi respuesta menos que amorosa realmente es responsabilidad de Sarah*, pero no es así.

Permítame decirlo de esta manera. Sarah no es la causa que yo sea de la forma que soy; ella revela la forma en la que soy. Cuando soy desamoroso hacia Sarah, es porque todavía tengo problemas. Todavía tengo que crecer. Cuando entramos en el Ciclo Loco, Sarah no está causando mi desobediencia al mandamiento divino de amar. Esa es mi decisión. Lo mismo es cierto de usted. Su pareja no es la causa de que usted peque, sino que revela su decisión de pecar.

> PERSPECTIVA: Mi respuesta es *siempre* mi responsabilidad.

Por ejemplo, imagine que pisa una rosa. Al aplastarla, despide una fragancia agradable. Pisar un zorrillo también produce un olor. No hay que decir más. ¿Fue la presión que se le aplicó a la rosa y al zorrillo la que causó el olor resultante, o fue que el pisotón reveló las propiedades interiores de la rosa y del zorrillo? En su matrimonio, usted deberá reconocer que su pareja no es la causante de que usted sea una rosa o un zorrillo. Usted revela su propia «fragancia interior».

La idea de que lo que realmente cuenta es lo interior puede sonarle sobrecogedora, aun intimidante. Pero al meditar en ella, me di cuenta que nadie me controla; no soy una víctima indefensa. Puedo escoger entre ser una rosa o un zorrillo. El hecho de tener el poder de escoger por mí mismo es alentador y liberador, pero lo mejor es que no tengo que tomar esa decisión solo. Tengo a Jesús, y en última instancia Él hace toda la diferencia. Como lo enseña el versículo de hoy, el Hijo me ha libertado, y eso me hace verdaderamente libre para responsabilizarme de mi reacción a Sarah en toda situación.

He recibido muchos emails de personas que están de acuerdo. Aplican su libertad en Cristo diariamente, negándose a responder de forma desamorosa o irrespetuosa, aun cuando sientan la tentación de, como lo dijo una dama, «hacerlo desaparecer». Y como lo dijo un esposo: «Los dos éramos zorrillos, dependiendo de la situación», pero eso ha terminado, y las cosas están mejorando gradualmente porque la frase continúa haciendo eco en mi cabeza: *mi respuesta es mi responsabilidad.*

Para la pareja de amor y respeto no hay escape por medio de decir, en pocas palabras: «Pues, cariño, sabes que mi respuesta realmente es *tu* responsabilidad. Tú me hiciste ponernos en el Ciclo Loco». En lugar de ello, ustedes dos saben que tienen la facultad de actuar como adultos y hacerse responsables de ser amorosos y respetuosos. ¿Por qué? Porque si el Hijo os libertare, ¡seréis verdaderamente libres!

ORACIÓN: Denle gracias al Señor que conocen al Hijo y que el Hijo les ha libertado para que tomen la decisión correcta, sin importar lo que se haya dicho ni lo que haya sucedido. Denle gracias también por la libertad de responsabilizarse personalmente. Pídanle la gracia y el valor para enfrentar las muchas oportunidades que surgen en cada día de veinticuatro horas para amarse y para respetarse incondicionalmente. (También oren en cuanto a llevar la perspectiva de este devocional a su empleo, a la iglesia y a otras situaciones. La respuesta del cristiano *siempre* es su propia responsabilidad.)

ACCIÓN: Esta semana, coloquen notas adhesivas por la casa, en el automóvil y en su empleo con este recordatorio: «Mi respuesta siempre es mi responsabilidad». Al final de la semana (o al transcurrir un período de mutuo acuerdo), conversen sobre el efecto que esto ha tenido sobre sus interacciones. (Para preguntas para análisis, consulte la página 254 en el apéndice A.)

CAPÍTULO 39

¡MIRE! ¡JUSTO SOBRE EL HOMBRO DE SU CÓNYUGE! ¡ES JESÚS!

MATEO 25.40:

Y respondiendo el Rey, les dirá: De cierto os digo que en cuanto lo hicisteis a uno de estos mis hermanos más pequeños, a mí lo hicisteis.

Cuando llegamos a la última sesión de una conferencia de Amor y Respeto, concluimos con el Ciclo Gratificante, el verdadero corazón y alma de la Conexión Amor y Respeto. ¿Y por qué es el corazón y alma? Porque le enseña a los esposos y esposas esta verdad de suma importancia:

En última instancia, su matrimonio no tiene nada que ver con su cónyuge.

Tiene todo que ver con su relación personal con Jesucristo.

La base bíblica de esta afirmación es la parábola del juicio final, que enseñó Jesús (Mateo 25.31-46). Aquellos que fueron hallados justos preguntaron: «Señor, ¿cuándo te vimos hambriento, y te sustentamos, o sediento, y te dimos de beber? ¿Y cuándo te vimos forastero, y te recogimos, o desnudo, y te cubrimos? ¿O cuándo te vimos enfermo, o en la cárcel, y vinimos a ti?» (vv. 37-39). El Rey responde a los justos, diciendo: «De cierto os digo que en cuanto lo hicisteis a uno de estos mis hermanos más pequeños, a mí lo hicisteis» (v. 40).

La audiencia rápidamente ve cómo se aplica esto a ellos: *lo que hago para mi cónyuge, también lo hago para Cristo.* El amor incondicional de un esposo por su esposa revela su amor por Cristo. Si el amor por ella es deficiente, lo mismo ocurre con el amor por Cristo. El respeto incondicional de una esposa hacia su esposo revela su reverencia hacia Cristo. Si el respeto hacia él es deficiente, lo mismo ocurre con la reverencia hacia Cristo.

Todos debemos hacer la aplicación personal. Jesús está diciendo: *Emerson, mírame. Esto no tiene que ver con Sarah. Tal vez ella no merece ser amada pero eso no es lo que importa. Muestras amor a Sarah para mostrarme que me amas. O: Sarah, mírame. Esto no tiene que ver con Emerson. Sí, él necesita cambiar, pero se trata de que tú te comportes respetuosamente como una forma de manifestar tu reverencia hacia mí.*

> **PERSPECTIVA:** Amar y respetar a tu cónyuge es amar y respetar a tu Señor.

Para concretar esta idea, utilizo una de las imágenes más memorables de toda la conferencia. Todo lo que haga por mostrar amor o respeto, no lo hace primordialmente para sacar su matrimonio del Ciclo Loco. Ni tampoco para motivar a su cónyuge para que satisfaga sus necesidades. En última instancia, para practicar el amor o respeto, especialmente en momentos de tensión o conflicto, usted mira a su cónyuge y justo encima de su hombro imagina a Jesucristo, allí mirándole y diciéndole: *De cierto os digo que en cuanto lo hicisteis a uno de estos mis hermanos más pequeños, a mí lo hicisteis.*

Como le digo a la multitud: «Cuando veo a Jesús allí parado detrás de Sarah, es como si le escuchara decir: *Emerson, esto no tiene que ver con Sarah, sino contigo y conmigo. Sí, veo que ella te apunta con el dedo a la cara mientras te regaña por ser desamoroso. Sí, estoy de acuerdo contigo que ella podría ser más respetuosa. Así que, ¿qué vas a hacer? ¿Alejarte, o mirar más allá de ella y verme a mí porque, como varón de honor, mostrarás amor como si fuera hacia mí?*

Recibo carta tras carta con comentarios sobre la imagen de Cristo por encima del hombro. Este es un ejemplo: «Si veo a Jesús mirándome por encima del hombro de mi esposo, me siento obligada a tratar a mi esposo con el respeto que se merece, debido al amor y reverencia que siento por Jesús. ¡Creo que esta fue la revelación más brillante para mí!»

Reconocer que uno lleva el matrimonio como para Cristo es revolucionario. Y da qué pensar. Imaginar a Cristo parado allí, más allá del hombro de su cónyuge *formando parte de cada conversación*, es un recordatorio de que usted comparecerá ante Él en el juicio final. Al imaginarlo, comprenderá más plenamente que su matrimonio en realidad es una herramienta y una prueba para profundizar y demostrar su amor y su reverencia por el Señor. Usted captará el poder del Ciclo Gratificante:

El amor de él bendice, sin depender del respeto de ella;
El respeto de ella bendice, sin depender del amor de él.

ORACIÓN: Denle gracias al Señor por ser el invitado «visible» de cada conversación que sostienen. Oren por la fortaleza y sabiduría necesarias para siempre visualizarle en el centro de su matrimonio, especialmente en momentos de tensión o de conflictos.

ACCIÓN: Mientras conversan, cada uno de ustedes puede practicar el ver a Cristo por encima de los hombros el uno del otro. Hablen acerca de cómo se siente esto. ¿Qué le está diciendo el Señor? (Para preguntas para análisis, consulte la página 255 en el apéndice A.)

CAPÍTULO 40

SI TAN SOLO NO TUVIÉRAMOS PROBLEMAS DE DINERO

FILIPENSES 4.19:

*Mi Dios, pues, suplirá todo lo que os falta conforme
a sus riquezas en gloria en Cristo Jesús.*

Emerson, estamos de acuerdo con el mensaje de Amor y Respeto pero tenemos problemas de dinero. Tendríamos un matrimonio verdaderamente magnífico si no fuera por estas presiones financieras.

Recibo muchos emails tales como este, de parejas que creen que la falta de dinero es la raíz de sus problemas matrimoniales. Comprendo por qué lo dicen. Los problemas financieros pueden causar presiones y frustraciones tremendas. De hecho, muchos expertos sobre el matrimonio afirman que el mal manejo del dinero es la fuente principal de los desacuerdos matrimoniales. Sí, los problemas de dinero son muy reales, pero no son la razón principal por la cual se desvanecen la amistad y la intimidad en la medida que ella se siente desamada y él se siente irrespetado. Las riñas por el dinero no socavan el amor y el respeto; sencillamente revelan actitudes desamorosas e irrespetuosas, las cuales son la verdadera razón por la cual un matrimonio puede empezar a bambolearse en el Ciclo Loco.

Durante una discusión acalorada sobre dinero, es sumamente fácil dar apariencia hostil, sarcástica o hasta de menosprecio. Puede ser por apenas unos cuantos segundos, pero eso basta para desalentar el espíritu de su cónyuge. Tome nota de esto: los problemas de dinero solo revelan lo que hay en nuestros corazones, cuán maduros o inmaduros somos en realidad. ¡Ay! Eso duele, lo sé, pero es cierto de todos nosotros.

Imagínese a un niño que se echa al suelo pataleando cuando se da cuenta de que no le van a comprar lo que quiere. Verse privado de lo que desea no causa sus berrinches, sino que sencillamente revela su inmadurez. ¿Pero qué de nosotros cuando nos vemos privados de lo que deseamos? ¿Acaso el hecho de ser adultos nos garantiza que no reaccionaremos de modo exagerado cuando nos hallemos en una situación financiera contraria a nuestra preferencia?

> **PERSPECTIVA:** El Señor proveerá para todas nuestras necesidades; puede que nos corresponde esperar por lo que preferimos.

Algunos cónyuges piensan: *si tan solo tuviéramos más dinero, entonces seríamos felices*. En realidad, ¿qué diferencia hay entre ese razonamiento, y el de un niño pequeño que se echa al suelo, pensando: *si logro convencer a Mamá que me compre ese caramelo, entonces seré feliz*?

La inmadurez por parte de uno de los dos puede ser o no ser al menos parcialmente responsable de los problemas de dinero de una pareja. ¿Pero qué puede hacerse cuando nuevamente restan más días del mes que dinero en el banco y se halla que los temperamentos están a punto de explotar? Pueden surgir toda clase de problemas; cabe, entonces, la pregunta: ¿Enfrentará la pareja esos problemas junta, mostrándose amor y respeto mutuo o se apartarán el uno del otro y hasta del Señor a causa del enojo y la frustración?

Cuando los problemas de dinero se ciernen, tenemos la mejor oportunidad para profundizar nuestra madurez. La lucha por lidiar con el dinero continuará siendo muy real, pero qué glorioso es vadear el atolladero como un equipo y tener la confianza que Dios nos guiará fuera de nuestro predicamento. La decisión siempre es nuestra. En última instancia, las necesidades financieras deberán llevar a dos personas a buscar su provisión en Cristo, ¡y qué gloriosa promesa hallamos en el versículo clave de hoy! Dios suplirá nuestras necesidades, pero Él desea que nosotros aprendamos a distinguir entre nuestras necesidades y nuestros deseos.

Supóngase, por ejemplo, que usted necesita un medio de transporte para ir a su empleo, y tiene apenas suficiente para pagar por un vehículo usado aunque bien cuidado y con una cantidad razonable de kilómetros. Pero de pronto le llama la atención un convertible casi nuevo en condiciones impecables. Por supuesto, cuesta mucho más, pero logra financiarlo y se lo lleva sintiendo que obtuvo lo que siempre había querido. Sí, lo hizo. Pero seis meses después los pagos mensuales le están poniendo bajo una presión financiera severa. ¿Qué pasó con la promesa de Filipenses 4.19? Sigue allí. Dios suplió su necesidad de modo muy cómodo con aquel otro vehículo, pero usted quería ese convertible y terminó con problemas de dinero.

El rey Salomón, que sabía bastante acerca de tomar malas decisiones, dijo: «La insensatez del hombre tuerce su camino, Y luego contra Jehová se irrita su corazón» (Proverbios 19.3). Enojarse contra el Señor por no proveer suficiente para nuestros deseos es una actitud infantil. En lugar de ello, podemos poner a Santiago 1.5 en acción. ¿Dice allí que Dios va a mandarnos dinero del cielo? No, pero sí promete la sabiduría necesaria para hacer un presupuesto cuidadoso y hallar que el Señor provee un camino cuando parece no haberlo. Así como Él abrió el Mar Rojo para Moisés, el Señor puede partir nuestros «mares de rojo» si se lo permitimos.

ORACIÓN: Denle gracias al Señor por los problemas de dinero que tengan en este momento, porque le dan la oportunidad de confiar más en Él. Pídanle que supla sus necesidades, y a la vez que les muestre cómo enfrentar sus obligaciones financieras.

ACCIÓN: Determinen juntos cuáles son sus necesidades y cuáles sus deseos. Sean honestos el uno con el otro, pero siempre con amor y respeto. Si sus desafíos financieros son graves, tal vez consideren acudir a un consejero cristiano con pericia. Para recursos de consejería vea el apéndice D (página 289). (Para preguntas para análisis, consulte la página 257 en el apéndice A.)

CAPÍTULO 41

#2

#2

SU CÓNYUGE TIENE NECESIDADES QUE SOLO USTED PUEDE SATISFACER

FILIPENSES 2.4–5:

No mirando cada uno por lo suyo propio, sino cada cual también por lo de los otros. Haya, pues, en vosotros este sentir que hubo también en Cristo Jesús.

Tal vez haya escuchado más de un sermón basado en el versículo clave de hoy, usualmente aplicado a la vida en la iglesia con otros creyentes. ¿Pero alguna vez ha pensado sobre cómo se aplica a su matrimonio? ¿Qué mejor lugar para no estar preocupado únicamente por sus propias metas sino también estar preocupado por los intereses, inquietudes, esperanzas y sueños de su cónyuge? ¿Por qué? ¿Cuál debiera ser su incentivo para hacerlo? ¿Amor y respeto? Sí, pero es mucho más fundamental que «haya, pues, en vosotros este sentir que hubo también en Cristo Jesús» (Filipenses 2.4).

Por supuesto, esto significa poner sus propias necesidades a un lado, al menos por el momento. Significa sacrificarse por amor a la persona con la que decidió pasar el resto de su vida. Sarah es un gran ejemplo de alguien que hace eso. Ella no prefiere tener que pasar por el estrés de ir al aeropuerto y salir de viaje a una ciudad lejana para otra conferencia de Amor y Respeto. Pero pone sus propios intereses a un lado por amor al ministerio, por lo cual yo estoy más agradecido de lo que soy capaz de expresar en papel o aun en persona. Decir: «Ella es invaluable» sería quedarse atrozmente corto.

¿Y qué hay de Emerson? ¿Cuál es su sacrificio? Mis intereses principales y evidentes en la vida son estudiar, escribir y preparar materiales. Uno de los intereses de Sarah (quizás sea el principal) es participar del abundantemente documentado pasatiempo Rosa de hablar, especialmente conmigo. A través de los años he aprendido a poner a un lado mis estudios y escritos para escuchar sus inquietudes varias veces por semana, por no decir diariamente.

Sarah le contará que verdaderamente me he dado a mí mismo a permitirle hablar. No la he apagado, diciéndole: «Soy como soy. ¡Acéptalo!» (Reconozco que se me ha ocurrido decir esto varias veces, pero Dios ha sido bueno y me ha protegido de mí mismo, por no decir que ha protegido a mi dulce esposita.)

PERSPECTIVA: Nuestras prioridades nunca deben de estar por sobre las de nuestro cónyuge.

El punto del versículo clave de hoy es claro: no se preocupe únicamente de sus propios intereses sino piense en los intereses de los demás, en especial los de su pareja (vea Filipenses 2.4). Hasta allí vamos bien, ¿pero habrá alguna motivación que nos ayude a hacerlo, aparte del temor de sentirnos culpables si no cumplimos con esto? Hallamos una pista muy grande en el versículo 5: «Haya, pues, en vosotros este sentir que hubo también en Cristo Jesús». Como señala el resto de lo que se conoce como el «pasaje de kenosis», Jesús «se despojó a sí mismo», poniendo a un lado lo que le correspondía como Dios para vivir entre nosotros y satisfacer nuestra necesidad más profunda: la salvación de nuestro pecado (vea Filipenses 2.6–11).

Cuando usted y su cónyuge buscan imitar a nuestro Salvador y Señor dentro de su matrimonio, rápidamente se percatan que ambos tienen necesidades que solo el otro puede satisfacer. ¿Significa eso que le será necesario desempeñarse fuera de su zona de comodidad y aun sentirse poco adecuado? Posiblemente, pero su incentivo es que su cónyuge le necesita a usted y a nadie más. Eso no es una imposición, es un cumplido digno de alabanza al Padre celestial, porque tales momentos le permiten imitar a Jesús y así honrarle. Tales momentos cincelan trozos de sus características ajenas a Cristo, cuando usted se renueva en el espíritu de su mente (Efesios 4.23).

De manera que la próxima vez que tenga oportunidad de atender las necesidades o inquietudes de su cónyuge cuando, francamente, resulta inconveniente o quizás hasta doloroso hacerlo, piense en cómo su nueva actitud en Cristo está ayudando a limar las asperezas del egoísmo. Su cónyuge tiene una necesidad que solo usted puede satisfacer. En lugar de citar una multitud de razones por las cuales no puede hacerlo, o las cosas que su cónyuge podría hacer en lugar de importunarle, vea esta situación por lo que es. Dígase a sí mismo, o dígalo en voz alta: «¡Gracias, amor! ¡Gracias por el cumplido!»

ORACIÓN: Denle gracias al Señor por invitarles a que tengan la misma actitud que tuvo Cristo Jesús, y por las maneras en las cuales Él ayuda a limar las asperezas del auto interés cuando ustedes aprovechan las oportunidades de satisfacer las necesidades de amor y respeto que tienen. Pídanle sabiduría y humildad para siempre ver las necesidades de su cónyuge como un cumplido, no como causa para quejarse. (También vea fuera de la familia, el trabajo, la iglesia y otras situaciones en las cuales puede poner las necesidades de otros por encima de las propias y hacer que sus acciones cierren el círculo en varias maneras.)

ACCIÓN: En la próxima semana, practiquen responder a las peticiones y necesidades del otro por medio de decir: «Gracias por el cumplido». Como recordatorio de esto, coloque notas en lugares estratégicos que digan: «Ten la misma actitud que tuvo Cristo». (Para preguntas para análisis, consulte la página 258 en el apéndice A.)

¿PERO ACASO SE SUPONE QUE SU CÓNYUGE TIENE QUE SATISFACER *TODAS* SUS NECESIDADES?

HEBREOS 4.16:

Acerquémonos, pues, con confianza al trono de nuestro Dios amoroso, para que él tenga misericordia de nosotros y en su bondad nos ayude en la hora de necesidad. (DHH)

Casarse revela, más temprano que tarde, un hecho indiscutible: no es posible que su cónyuge satisfaga todas sus necesidades y deseos. Muchas parejas empiezan pensando que el matrimonio satisfará todas sus necesidades: emocionales, físicas y hasta espirituales. Y luego pasan años en el Ciclo Loco, en mayor o menor grado, porque ella cree que él debería satisfacer todas sus necesidades de amor y él cree que ella debería satisfacer todas sus necesidades de respeto.

Sarah y yo hicimos esto mismo por un tiempo hasta que los dos nos dimos cuenta que pensar que el cónyuge puede satisfacer todas sus necesidades es un callejón sin salida. Así que resolvimos el problema de «satisfacer todas mis necesidades» hace ya buen tiempo. Sabemos que hemos sido llamados a amarnos y respetarnos el uno al otro y que hemos de poner las necesidades del otro por encima de las nuestras (vea el capítulo 41). ¿Pero satisfacerlas *todas*? Eso nunca llegará a suceder porque somos humanos. Esperar que su cónyuge satisfaga todas sus necesidades, o aun la mayoría de ellas, es inútil, porque su cónyuge no es Dios.

En todo matrimonio hay veces cuando las necesidades de uno pasan desapercibidas, y se hace patente que algunas necesidades sencillamente no serán completamente satisfechas por la persona con quien se ha casado. ¿Recuerda la relación 80:20 en cuanto a problemas que describimos en el capítulo 5? Pues también se aplica a sus necesidades. Al menos un veinte por ciento del tiempo, y probablemente más, su cónyuge no satisfará plenamente sus necesidades. Momentos como este pueden ser señales que le indican que los dos deben darse cuenta de que su contentamiento y paz más profundos se hallan en Cristo, y no en su cónyuge.

Por ejemplo, un esposo intenta escuchar con atención a su esposa y satisfacer la necesidad que ella tiene de empatía y comprensión, pero no demuestra la cantidad de empatía y comprensión que ella desea. A decir verdad, él jamás podrá mostrar suficiente, no importa cuánto se esfuerce por hacerlo. ¿Debiera ella enojarse y rechazarle por considerarlo desamoroso? Por supuesto que no; en lugar de ello, este es el momento perfecto para volverse hacia el Señor y encomendar la necesidad que ella tiene de Él.

O supóngase que una esposa trata de responder sexualmente a su esposo, pero no muestra tanto interés y pasión como él quisiera. Él podría sentirse rechazado y poco respetado, o por otro lado podría volverse al Señor para obtener fuerza y paciencia.

Concedemos que volverse al Señor con su necesidad cuando el cónyuge ha fracasado en satisfacerla por completo (o no la ha satisfecho del todo) requiere una madurez suficiente para reconocer que las dificultades y las decepciones no son la excepción; frecuentemente, son la regla. Las buenas noticias las hallamos en Hebreos 4.16, que nos dice que nos acerquemos al Señor confiadamente. Él está listo para mostrarnos misericordia y gracia en nuestro momento de necesidad, sin importar cuál sea ésta. Dios se complace en ver que le traigamos nuestras necesidades y debilidades a Él. Cuando somos débiles, Él es fuerte (2 Corintios 12.9-10).

¿Qué cosas pueden suceder? Un esposo dijo: «Tuve que encomendar a mi esposa a las manos de Dios... confiar en Él completamente y entregarle todo a Él. Tuve que mirarme a mí mismo y pedirle a Dios que me transformara en el hombre y esposo que Él quería que fuera. ¡Tuve que poner mis esperanzas en Él!»

> **PERSPECTIVA:** Tu cónyuge puede satisfacer muchas de tus necesidades pero tu dependencia más profunda debería estar en tu Señor.

Una esposa se dio cuenta de que erróneamente había creído que bastaba que su esposo la amara para que el dolor que sentía desapareciera. Y luego vio en las Escrituras que el deseo de su corazón debía ser solo Dios: «Dios debe ser lo único que busco. Todo lo demás que deseo debiera ocupar un distante segundo lugar a tal grado que si ninguno de mis otros deseos se cumple, mi amor por Dios y su amor por mí satisfagan mi anhelo más profundo por Él porque en tal caso tendría lo que realmente más deseo».

Esta dama había captado la idea y nosotros también debemos hacerlo. No importa lo fuertes y poderosos que lleguen a ser nuestros vínculos matrimoniales, nuestra dependencia más profunda debe ser del Señor, no de otro ser humano. Como lo dice Salmo 73.25-26 a nadie tenemos en el cielo sino a Él, y debiéramos desearle a Él más que a ninguna otra cosa en la tierra. Él y solo él es la fuerza para nuestros corazones. ¡Él es nuestro para siempre!

ORACIÓN: Denle gracias al Señor por las imperfecciones (deseos no satisfechos) que hay en su matrimonio porque les llevan a depender en última instancia de Él. Pídanle que les ayude a abrirse a la paz y contentamiento que tan solo su presencia puede proporcionar.

ACCIÓN: Cada uno de ustedes debe sacar tiempo en esta semana para evaluar cuánto dependen el uno del otro. ¿Pueden ver la línea entre una dependencia saludable del amor de él y del respeto de ella, y pedir demasiado el uno del otro? Después reúnanse para comparar sus conclusiones y conversar sobre «necesitarse el uno al otro», pero en última instancia depender del Señor. (Para preguntas para análisis, consulte la página 259 en el apéndice A.)

CAPÍTULO 43

SUS HIJOS ESTÁN OBSERVANDO

DEUTERONOMIO 11.18–19:

Pondréis estas mis palabras en vuestro corazón... Y las enseñaréis a vuestros hijos, hablando de ellas cuando te sientes en tu casa.

En la clase bíblica, a Guillermito le preguntaron: «¿Qué es fe?» Él respondió: «Fe es creer en algo que uno sabe que no es verdad». Esta broma frecuentemente citada nos hace sonreír, pero si Guillermito permanece aferrado a esa idea, se alejará de la fe y entonces ya no resultará tan divertida la broma.

¿Cuál es la mejor manera de estimular a un niño en la fe? Las Escrituras declaran con claridad que Mamá y Papá desempeñan el papel más vital. Cuando los padres de familia confían genuinamente en el Señor y andan en sus caminos, su fe se extiende sobre los hijos. De eso habla el versículo clave de hoy. Es Moisés quien habla, pero las palabras son del Señor. Detalla la forma en que los israelitas debían vivir y criar a sus familias. Primero tenían que poner las palabras de Dios en sus propios corazones y luego enseñarlas a sus hijos (Deuteronomio 11.18–19). Tanto entonces como ahora, el desafío para los padres sigue siendo el mismo:

¿Cómo podemos enseñar a nuestros hijos y realmente transmitirles nuestra fe para que puedan convertirla en su propia fe?

Sin desmerecer lo útiles que son la Escuela Dominical y otras actividades de la iglesia, sus hijos aprenden mucho más por medio de observarle a usted y a su cónyuge no solo como padres de familia sino como marido y mujer. ¿Observan que ustedes se tratan con amor y respeto? ¿Qué cosas ven y escuchan que dicen con mucha claridad que Mamá y Papá aman a Dios y se aman el uno al otro? Aquí hay algunas preguntas que debemos considerar:

- ¿Nos ven nuestros hijos orando juntos en momentos diferentes de la hora de la comida? ¿Nos escuchan hablar acerca de depender de que Cristo nos dará fuerza y sabiduría para discernir lo que debemos hacer para resolver lo que estemos enfrentando como familia?
- ¿Aprenden nuestros hijos de nosotros por medio de momentos de enseñanza que ocurren espontáneamente? (Por ejemplo, usted podría compartirles de modo informal lo que está aprendiendo de estos devocionales. Ellos podrían estar más interesados de lo que usted imagina.)
- ¿Nos ven nuestros hijos mostrándonos afecto físico: un abrazo amoroso, un beso, una palmadita o tomarnos de la mano? ¿Pueden ver evidencia de que realmente *nos disfrutamos* el uno al otro?
- ¿Nos ven nuestros hijos enfrentar juntos momentos difíciles con una medida de paz y contentamiento en lugar de enojo y afán? (Cuando uno exprime una naranja, sale jugo de naranja. Cuando la vida le exprime, ¿sale Jesús?)

Estas son apenas algunas consideraciones; usted podría pensar en muchas más que se ajustan a su familia y a las edades de sus hijos. Su meta no es tener una clase de Escuela Dominical en casa sino vivir con sus hijos de manera tal que usted les infecte con la «verdadera enfermedad». Usted está tratando de «estornudar fe» y esperar que sea contagiosa. Obviamente, no hay garantía absoluta de que los hijos seguirán la fe de sus padres pues cada hijo toma sus propias decisiones y algunos eligen desobedecer (Romanos 1.30, 2 Timoteo 3.2). Pero como padre de familia, su tarea es vivir su fe delante de sus hijos de la manera más genuina y honesta que pueda y dejar el resto en las manos de Dios. Aquí hay dos preguntas adicionales que debemos hacernos cada cierto tiempo:

- ¿Hay en nuestro matrimonio verdadero amor y respeto?
- ¿Nos ven nuestros hijos como genuinos cuando se trata de nuestra fe?

Si se les preguntara a sus hijos: «¿Se aman tu Mamá y tu Papá y se respetan el uno al otro?, ¿qué responderían?» Y si se les preguntara: «¿En quién confían y a quién siguen Mamá y Papá más en sus vidas?, ¿cuál sería su respuesta?»

Estas son preguntas duras y exigentes que ponen a los padres de familia a pensar: *¿De qué sirve? Las probabilidades están en mi contra.* Pero entonces uno recuerda que no estamos solos en esto de ser padres. Usted sabe que puede aumentar significativamente las probabilidades de que sus hijos amen y reverencien a Cristo si usted lo hace. Es tan sencillo, y tan difícil, como eso. Reciba con gusto el hecho de que en su matrimonio hay espectadores. Sus hijos le están observando. ¿Verán a alguien genuino?

> **PERSPECTIVA:** Tu hambre de Dios puede despertar un apetito en tus hijos.

ORACIÓN: Denle gracias al Señor por sus hijos, reconociendo que son dones dados por Él. Pídanle la fuerza y sabiduría necesarias para enseñar a sus hijos cómo confiar y obedecer, a la vez que ellos los ven a ustedes confiar y obedecer. Pídanle que aumente su hambre por la Palabra de Dios y que dé esa misma hambre a sus hijos también.

ACCIÓN: Esta semana, cuando parezca el momento adecuado, pregunte a sus hijos: «¿En quién confían y a quién siguen más Mamá y Papá en esta vida?» Y, si tienen edad suficiente como para comprender su compromiso con el amor y respeto, pregúntenles cómo creen ellos que ustedes lo están logrando. (Para preguntas para análisis, consulte la página 260 en el apéndice A.)

CAPÍTULO 44

¡*NO* ESTOY ACTUANDO A LA DEFENSIVA!

PROVERBIOS 18.19:

El hermano ofendido es más tenaz que una ciudad fuerte, y las contiendas de los hermanos son como cerrojos de alcázar.

¿**P**or qué algunas veces resulta tan fácil ofendernos el uno al otro sin siquiera proponérnoslo? Sé que en el caso de Sarah y yo, cualquiera de nosotros puede ponerse a la defensiva cuando el otro empieza a señalar algo que hay que cambiar. No importa con cuánto tacto se haga la sugerencia, es sumamente natural ponerse susceptibles. Cuando uno se siente levemente atacado —tan solo un poco desamado o irrespetado— es fácil levantar las defensas y luego, con vergüenza lo digo, contraatacar.

Para ponerlo en los términos que empleo al enseñar, cuando una esposa se siente desamada, se pone a la *defensiva* y es *ofensiva* sin respeto. Cuando un esposo se siente irrespetado, se pone a la *defensiva* y es *ofensivo* sin amor.

Para ilustrar cómo funciona esto, aquí hay un ejemplo de cómo puedo ponerme a la defensiva y cambiar rápidamente a ser ofensivo. Sarah podría mencionar algo en mi vida a lo cual debo ser más sensible, tal como responder a emails de personas más rápidamente. Porque creo que estoy haciendo mi mejor esfuerzo por mantenerme al día, me siento un tanto irrespetado. Racionalmente, mi mente me dice que ella no tenía intención alguna de faltarme el respeto, pero sencillamente es muy fácil reaccionar a un nivel emocional. De modo que me pongo a la defensiva, y eso fácilmente conduce a mi contraataque: «Bueno, el otro día te quedaste dormida mientras nuestro amigo Ray estaba compartiendo lo que había en su corazón respecto a su nuevo empleo. ¿Te pareció que eso fue sensible?»

Por supuesto, no debí haber actuado de modo tan infantil, pero esa punzada de reacción defensiva me hizo querer probar que yo no era tan malo después de todo. Debí haber dejado pasar esa sensación y responder que intentaría atender los emails tan pronto como pudiera. En lugar de ello, permití que mis sentimientos me convencieran de que se me estaba faltando el respeto y elegí volcar la situación hacia Sarah y arremeter contra ella sin amor.

> **PERSPECTIVA**: Cuando te pones a la defensiva, estás asumiendo la ofensiva y los dos pueden entrar en el Ciclo Loco.

El semblante de Sarah decayó. Me sentí justificado. Los dos nos retrajimos y no nos dirigimos la palabra por más de una hora, mientras el Ciclo Loco zumbaba tranquilamente. El pasaje de las Escrituras de hoy describe la situación perfectamente. Sarah se sintió ofendida, sus defensas se elevaron y sus puertas se cerraron como con barrotes de hierro.

Con el paso de los minutos, sentí punzadas de remordimiento. Finalmente, me di cuenta de lo que había hecho por defender mi orgullo, y a partir de ese momento lo que tenía que hacer estaba muy claro, hasta para mí. Cuando finalmente reanudamos la conversación, Sarah me preguntó: «¿Por qué me dices cosas así cuando estoy tratando de ayudarte?» Mientras analizábamos la situación, finalmente di el paso y dije lo que debí haber dicho una hora antes: «Lo siento. Realmente fui desamoroso. ¿Me perdonas?»

Afortunadamente, Sarah puso a un lado sus sentimientos heridos y aceptó mis disculpas. Pero cuando el Ciclo Loco finalmente se detuvo, ella añadió (respetuosamente, por supuesto): «Hubiera sido bueno que pidieras las disculpas antes, y también sería agradable que no te pusieras tan a la defensiva cuando estoy tratando de ayudarte». (Me alegra decir que al llegar a este punto *no* me puse a la defensiva.)

ORACIÓN: Pídanle al Señor perdón por los momentos de actitud defensiva que conducen a contraataques ofensivos y al Ciclo Loco. Pídanle que haga su voluntad en su matrimonio al hacer que sean más maduros y suficientemente humildes para tratarse con amor y respeto. (¿Hay alguna cosa sucediendo en su trabajo o en la iglesia que le pone a la defensiva? Ore por esto también. Con frecuencia traemos a la casa problemas del lugar donde pasamos nuestro tiempo.)

ACCIÓN: Decidan que cuando su cónyuge les diga algo que no les gusta, *no* responderán: «Pues tú haces lo mismo». En lugar de ello, hagan un esfuerzo por morderse la lengua y no actuar a la defensiva. (Para preguntas para análisis, consulte la página 262 en el apéndice A.)

CAPÍTULO 45

¿QUÉ TAN POSITIVOS SON EL UNO CON EL OTRO?

FILIPENSES 4.8:

*Por lo demás, hermanos, todo lo que es verdadero, todo
lo honesto, todo lo justo, todo lo puro, todo lo amable,
todo lo que es de buen nombre; si hay virtud alguna,
si algo digno de alabanza, en esto pensad.*

E n una escala de 1 a 10, ¿qué tan positivo es usted con su cónyuge?
    Uno de los emails más positivos que jamás he recibido sobre este asunto me llegó de una esposa que escribió: «Sentí que Dios me estaba diciendo: *Quiero que imagines que tú eres un marcador resaltador gigante y quiero que resaltes todas las cosas que son honorables y verdaderas acerca de tu esposo. Piensa en estas cosas. Mira a tu esposo a través de mis ojos.* Me senté en la cama y empecé a escribir. Llené páginas con cosas hermosas por las cuales quería respetar a mi esposo. Esa noche me volví a enamorar de él».

Cuando le escribí para pedirle permiso para reproducir lo que me escribió, me dijo que le encanta resaltar los pensamientos clave de libros, y ella cree que Dios le dio la idea del resaltador como una manera de honrar y respetar a su esposo. Añadió que Dios también le trajo a la mente Filipenses 4.8–9, un pasaje que ella describió como «su regalo para mí».

Filipenses 4.8 es el regalo de Dios a todas las parejas casadas. Léalo en este momento, lenta y detenidamente. Cuando Pablo habla de todo lo verdadero, honesto, justo, puro, amable, y digno de alabanza, él nos está diciendo que *por medio de depender en Dios podemos controlar lo que pensamos.* Podemos echar de nuestras mentes lo negativo por medio de fijar nuestros pensamientos en lo bueno, lo positivo.[1]

Y no pierda de vista el versículo 9. Pablo nos invita a poner en práctica lo que hemos aprendido de Él. Enfocarse en lo positivo es una disciplina. No es cosa natural, pero puede hacerse. Depende de nosotros. Es nuestra decisión.

PERSPECTIVA: Acentúa lo positivo y elimina lo negativo mediante grandes porciones de amor y respeto.

Es cierto que algunas personas son más positivas por naturaleza, mientras que otras son más propensas a ver que el vaso está medio vacío. Un amigo me contó cómo su esposa, una persona positiva por naturaleza, se enojaba cuando él decía algo negativo (lo que él llamaba «ser realista»). Cuando ella cayó a la cama con una enfermedad terminal, él hizo un esfuerzo deliberado por mantenerse positivo en sus palabras y acciones hasta el momento que ella murió en sus brazos. Su historia me dice que aun si nuestro temperamento tiende hacia la melancolía y el pesimismo, uno puede elegir enfocarse en lo noble y positivo, *si quiere.*

¿Cómo se manifiesta en su matrimonio: negativo o positivo? Escuché la historia de un jugador de fútbol profesional que se sometió a un examen físico que había postergado por mucho tiempo. Se le dijo que los resultados de algunos de los exámenes tomarían más de una semana. Durante ese tiempo, la esposa recibió el desafío en un estudio bíblico a ser positiva, respetuosa y amigable con su marido, así que intentó hacer justo eso. Luego de varios días de recibir este trato positivo y amigable, el esposo sospechó que había gato encerrado. Este no era el carácter de su esposa. «Muy bien, dime», le dijo. «Te llamó el doctor y te dijo que tengo una enfermedad terminal, ¿verdad?» Había llegado a la conclusión de que ella estaba siendo agradable con él porque no estaría con ella por mucho más tiempo.[2]

Mientras analizábamos esta historia, Sarah comentó: «Creo que las mujeres no nos damos cuenta lo poco amigables que podemos ser en el hogar. Una de las mejores maneras que podemos honrar y respetar a nuestros esposos es continuar siendo la amiga que éramos cuando recién nos conocimos». Sarah está en lo cierto. Irónicamente, es muy fácil que el estrés, las presiones, la falta de dinero y cosas semejantes nos lleven a ser bruscos, con el carácter volátil y menos que amistosos con la persona que decimos que amamos.

Así que, volviendo a mi pregunta original, en una escala de 1 a 10, ¿qué tan positivo soy con mi cónyuge? Puedo pensar en cosas pequeñas que Sarah hace y que me irritan (como cuando se despeja la garganta) y ella puede pensar en las cosas que yo hago que la irritan (como dejar las toallas mojadas en el piso). O podemos pensar en cosas que nos gustan uno del otro. Puedo pensar en lo que es digno y amable en ella, y ella puede pensar en lo que es digno de respeto en mí. Siempre es nuestra decisión. También es su decisión. *¡Piense en ello!*

ORACIÓN: Denle gracias al Señor por la lista que Pablo nos da en Filipenses 4.8 como recordatorio. Pídanle disciplina para aplicar esta lista el uno al otro mientras se esfuerzan por siempre ver el vaso de su matrimonio lleno hasta la mitad o más.

ACCIÓN: Procuren ser «resaltadores gigantes» esta semana y escriban listas de lo que es verdadero, honesto, justo, puro, amable, y digno de respeto en la otra persona. Después hablen acerca de lo que ven en cada uno que es excelente y digno de alabanza. Cuando surgen cosas negativas (y surgirán), enfréntenlas juntos en una manera positiva. (Para preguntas para análisis, consulte la página 263 en el apéndice A.)

CAPÍTULO 46

¿HA JUGADO EL JUEGO DE CULPAR AL OTRO?

GÉNESIS 3.12:

Y el hombre respondió: La mujer que me diste por compañera me dio del árbol, y yo comí.

D ivirtámonos un poco con una rima infantil conocida que nos ayudará a pensar en cuanto a un hábito ampliamente difundido que puede socavar cualquier matrimonio:

Humpty Dumpty estaba sentado en un muro,
Humpty Dumpty sufrió una gran caída.
Humpty Dumpty empezó a llorar:
«¡Alguien me empujó!»

Probablemente ésta no es la manera en la que recuerda la historia de Humpty. La rima original mencionaba algo acerca de los caballos y los hombres del rey, y así sucesivamente. Pero en mi versión revisada, me gustaría proponer la posibilidad de que nadie empujó a Humpty sino que sencillamente se cayó por su propio descuido y de inmediato empezó a culpar a otra persona.

¿Tenía esposa Humpty? No hay manera de saber a ciencia cierta, pero si la tenía, por lógica ella seguramente sería la sospechosa número uno. Desde la caída del hombre, esposos y esposas han desarrollado pericia en el arte de culpar a otros. Adán culpó a Eva, Eva culpó a la serpiente, y el resto es la historia de la raza humana. (Alguien me señaló que la serpiente no tuvo a quién culpar; no tenía pies en los cuales sostenerse.)

Si lo pensamos, el primer pecado cometido luego de aquel «gran pecado» fue echarle la culpa a otro, y eso se ha vuelto una actividad preferida de los seres humanos, especialmente los que son casados. ¡Culpar a otro! Parece venirnos de modo natural. ¿Por qué somos tan rápidos e inventores cuando asignamos la culpa a otro? Pienso que algo tiene que ver con el temor a aceptar la responsabilidad total por lo sucedido. Ya hemos examinado el concepto de que nuestra respuesta es nuestra responsabilidad (vea el capítulo 38). Y si bien en principio podemos estar de acuerdo con esta idea noble, sentimos cierto recelo a aceptar *toda* la culpa. Después de todo, las cosas que suceden no ocurren en un vacío. Así que Azul explica: «El irrespeto de ella me empujó a ser desamoroso". Y Rosa señala rápidamente: «Él es tan irrespetuoso; ¿cómo esperan que lo respete?»

> **PERSPECTIVA:** Cuando culpas al otro, tu matrimonio nunca se beneficiará. ¡No eludas tu responsabilidad!

¿Qué sucede cuando jugamos este triste juego? Todavía puedo escuchar la voz de Sarah en el principio de nuestro matrimonio. «Siempre es mi culpa. Siempre soy yo». Tratar de convertir a Sarah en chivo expiatorio no funcionó en aquel entonces, y no funciona ahora, ni con ella ni con Dios. Él ha oído excusas en las que se culpa a otra persona desde que Adán le dijo que Dios mismo era culpable de que Adán pecara. «La mujer que me diste por compañera me dio del árbol, y yo comí» (Génesis 3.12). Yo puedo parecerme mucho a

Adán algunas veces (tal vez usted también se identifique con ello). Trato de justificarme a mí mismo por medio de culpar de mis indiscreciones y transgresiones a la mujer que amo, cuando sé muy bien que mi Señor y Salvador es el único capaz de justificar a alguno de nosotros (Romanos 3.24).

En nuestros viajes de Amor y Respeto, Sarah y yo tuvimos la oportunidad de conocer a la golfista Barb Whitehead, que compite en la LPGA. Barb es una seguidora de Cristo y nos compartió unas perspectivas excelentes sobre echar la culpa donde pertenece:

> Realmente es mi decisión cómo yo trato a Trent, no importa lo que él me diga. A final de cuentas tengo que responder al Señor sobre lo que hice con el hombre que Dios me dio. Con esa decisión viene una libertad porque sé que soy la única responsable. Pienso que tomar esa responsabilidad proviene de mi previa vocación al golf. No podía culpar a nadie más por un disparo desacertado o un golpe fallido. Esto pudiera parecer como fuente de presión, pero para mí fue realmente liberador. Veo mi respuesta hacia Trent de la misma manera. Tengo la libertad de responder a él en una manera semejante a Cristo, de modo que siempre es mi decisión.[1]

Las perspectivas de Barb tienen mucho sentido, ya sea que uno esté a punto de dar un golpe de metro y medio para quedar a par, o decidir si lo que uno está a punto de decir será amoroso o respetuoso. En toda situación, no culpe a su cónyuge; en lugar de ello, vuélvase a Cristo para obtener el poder para responder de la manera que debiera hacerlo.

ORACIÓN: Denle gracias al Señor que Él nos ha dado el ejemplo de no echar la culpa a otro, por medio de enviar a Cristo a tomar la culpa a nombre de todos nosotros. Pídanle sabiduría y valor para responsabilizarse por sus acciones, en lugar de culpar a otros.

ACCIÓN: A través de la semana siguiente, traten de llevar la cuenta de la frecuencia con la cual se sienten tentados a culpar a su cónyuge por algo que realmente fue su culpa, ya sea de modo total o parcial. Conversen sobre lo que están aprendiendo acerca de echar la culpa donde pertenece. (Para preguntas para análisis, consulte la página 264 en el apéndice A.)

CAPÍTULO 47

EL PENSAMIENTO DE GRUPO PUEDE SER TÓXICO PARA SU MATRIMONIO

PROVERBIOS 13.20:

*El que anda con sabios, sabio será; mas el que
se junta con necios será quebrantado.*

¿Ha oído alguna vez hablar del *pensamiento de grupo*? Es práctica típica entre el género Rosa (aunque los hombres también lo hacen, a la manera Azul). Imagínese a un grupo de mujeres que se reúnen regularmente a tomar café o a almorzar. Con cierta frecuencia sale a relucir el tema de los esposos y comparan sus experiencias sobre lo que los maridos hacen que las vuelven locas. Al hablar, el cuadro que empieza a dibujarse oscila de desfavorable a claramente negativo.

Si una de las esposas del grupo manifiesta una opinión discrepante señalando que «los hombres no están equivocados, sino solo son diferentes», recibe presión para que cambie su «perspectiva errónea», o bien su opinión se deja de lado como una excepción fortuita. Si hay otras esposas presentes que en realidad están de acuerdo con la mujer discrepante, probablemente permanecerán en silencio, pensando que la solidaridad con el grupo tiene precedencia sobre una discusión sincera de los hechos.

Los esposos también pueden ser culpables del pensamiento de grupo cuando reducen a las mujeres a descripciones de una sola frase, tales como: «Mujeres: no se puede vivir con ellas, pero tampoco se puede vivir sin ellas», o «Las mujeres son emotivas e irrazonables», o «¡Ay Dios, cuánto drama!» Sí, hay esposos que no usan estas frases, pero usualmente permanecen en silencio porque no quieren dar la apariencia de ser fastidiosos o poco varoniles.

Y no olvidemos la televisión, películas y otros medios, que frecuentemente, con el solo propósito de hacernos reír, arrojan pensamientos de grupo de uno u otro tipo, describiendo a los esposos como orates cortos de entendimiento o a las mujeres como desenfrenadas y excesivamente dramáticas.

Advertencia: El pensamiento de grupo puede ser tóxico para su matrimonio y es necesario contrarrestarlo con «pensamiento divino». Si aceptamos los estereotipos típicos sobre lo que está mal con los hombres y las mujeres, las esposas serán más propensas a ver a sus esposos únicamente a través de sus gafas Rosa y los esposos a sus esposas a través de sus gafas Azules. Este es un método seguro de alimentar el Ciclo Loco.

> PERSPECTIVA: El pensamiento basado en Dios genera en tu matrimonio amor y respeto; el pensamiento de grupo lo destruye.

Por ejemplo, cuando la esposa reacciona de modo negativo porque se siente desamada, un esposo influido por el pensamiento de grupo podría dejar a un lado su reacción fácilmente pensando «ella solo está siendo excesivamente dramática otra vez», en lugar de mirar profundamente en su corazón y tratar de comprenderla, lo cual es lo que Dios manda. Resultado: ¡Ella se sentirá aun más desamada!

O cuando el esposo reacciona negativamente porque se siente irrespetado, una mujer influida por el pensamiento de grupo podría descontarlo como infantil, narcisista, chauvinista o aun abusivo, en lugar de buscar la ayuda de Dios para excavar bajo la superficie y descubrir lo que está mal. Resultado: ¡Él se sentirá aun más irrespetado!

En cualquiera de estos casos, el pensamiento de grupo sale airoso, su matrimonio sale perdiendo y el Ciclo Loco gira sin parar. Parafraseando el versículo de las Escrituras de hoy, los necios sucumben al pensamiento de grupo en tanto que los sabios usan el pensamiento divino para ponerle un alto al Ciclo Loco.

ORACIÓN: Pídanle al Señor la fuerza y el valor de negarse a dejarse llevar de los que promueven el pensamiento de grupo, aun los que son amigos o familiares. Denle gracias porque Él ve a ustedes dos como personas que necesitan amor y respeto, y pídanle la sabiduría para verse uno al otro como Él los ve.

ACCIÓN: Niéguense a participar del pensamiento de grupo de cualquier tipo, especialmente cuando se trata de hablar mal del sexo opuesto. Para ser sabios en los caminos del varón y de la mujer, pasen tiempo con personas que aprecian y comprenden las diferencias entre los esposos y esposas. (Para preguntas para análisis, consulte la página 265 en el apéndice A.)

CAPÍTULO 48

¿SABE PELEAR LIMPIO?

2 CORINTIOS 10.3:

Pues aunque andamos en la carne, no militamos según la carne.

U na mañana brillante de domingo en Orlando, Florida, hablé a cinco entrenadores principales de la NFL y a sus esposas sobre el tema de Amor y Respeto. Cubrí el tema del Ciclo Loco y cómo la esposa necesita amor y el esposo necesita respeto. Mientras hablaba con algunos de los entrenadores, uno de ellos dijo: «Esto es fascinante. Tuvimos una riña camino a este lugar en el automóvil sobre este mismo tema. Yo decía: "¡Necesito que me respetes!" Ella decía: "¡Necesito que me ames!"»

La ironía de todo le había golpeado, pero también se sentía animado por haber descubierto que la falta de amor y respeto es la causa principal de muchas de las «riñas». Para la conclusión del miniseminario, él y su esposa tenían algunas herramientas para lidiar con sus desacuerdos. Les ayudó tener la nueva comprensión de que casi todas las parejas discuten y pelean. El problema es que la mayoría de las parejas nunca han aprendido a hacerlo de modo productivo.

He aconsejado a miles de parejas y típicamente la esposa es sumamente verbal, capaz de destrozar los argumentos del esposo con facilidad. Entonces él finalmente estalla y termina retrayéndose porque no sabe qué más hacer. Por ejemplo, un esposo cuenta: «Hace una semana entramos en uno de nuestros Ciclos Locos. Ella les llama discusiones; yo les llamo peleas. Ni siquiera recuerdo por qué empezó. Ella dijo lo que tenía en mente, yo me puse silencioso, ella se puso más vocal y yo continué alejándome hasta que exploté y salí furioso de la casa. Todas nuestras "discusiones" son así».

No es sorpresa que tantas parejas me dicen: «Estamos cansados de pelear». Les respondo que están en el camino correcto; que lo que deben intentar es discordar de modo más acorde, o que cuando surja una pelea, que «peleen limpio». En otras palabras, deben pelear como seguidores de Cristo, no con las tácticas carnales que Pablo menciona en nuestro versículo clave.

PERSPECTIVA: Pelea como un hombre amoroso y como una mujer respetuosa: sé honesto.

Es cierto que Pablo se refiere principalmente a personas en la iglesia de los corintios que empleaban métodos inescrupulosos porque estaban en desacuerdo con él, pero las mismas normas de pelear limpio se aplican a creyentes que están tratando de edificar un matrimonio piadoso y bíblico. Pablo dice que los que afirman seguir a Cristo pueden discutir (o pelear) en una de dos maneras: «según la carne», con manipulación, enojo, celos, sarcasmo, dureza, o limpia, con educación, cortesía, gentileza, tacto y disposición a honrar opiniones diferentes a las propias.

Obviamente, el enfoque cortés nos llama a depender del poder y sabiduría de Cristo, lo cual es el punto de Pablo y algo que todos podemos aplicar. Usted y su cónyuge podrían no necesitar ayuda para aprender a discutir o pelear limpiamente, pero por si acaso, esta es mi sugerencia. La próxima vez que entren en una «discusión» entre marido y mujer, ore en su corazón: *Señor, dame tu comprensión ahora mismo y haz una obra en mí con tu poder. Necesito tu ayuda y fortaleza. No quiero pelear según mi carne, pues eso no me lleva a ninguna parte. Ayúdame a argumentar mis puntos con amor o respeto.*

Para muchos de nosotros aprender a pelear limpio no es fácil pero vale la pena. Una esposa dio el siguiente testimonio: «Fue agradable poder hablar acerca de lo que sucedió. Fue agradable poder decirle a mi esposo que aunque estaba enojada, todavía le respetaba como hombre y como esposo. Le dije que me avisara cuando yo manifestaba irrespeto para poder dejar de hacerlo, porque ni me doy cuenta cuando lo hago. Cuando dije eso, vi que algo cambió en él».

Por supuesto, las cosas no siempre son así de prometedoras. Algunas parejas aprenden a estar de acuerdo en discordar, al menos parte del tiempo. Lo importante es mantener una actitud positiva. Me gusta la manera que lo expresa una cónyuge: «No siempre estamos de acuerdo. Sin embargo, ¡lo que nos decimos suena mucho más respetuoso y mucho más amoroso!»

ORACIÓN: Denle gracias a Dios que Él nunca prometió que no tendrían desacuerdos, discusiones o peleas, sino que les ha dado la fuerza para lidiar con sus diferencias en el poder de su Espíritu. Pídanle la sabiduría y humildad para estar en desacuerdo de modo acorde: con amor y respeto.

ACCIÓN: La próxima vez que tengan un desacuerdo, discusión o pelea, deténganse y piensen: *¿Estoy siendo justo? ¿Amistoso? ¿Educado? ¿Gentil? ¿Piadoso?* Conversen sobre cómo desarrollar palabras o frases clave para usar en una pelea limpia. (Para ideas para análisis y más sugerencias para pelear limpiamente, vean la página 266 en el apéndice A.)

CAPÍTULO 49

SUS PALABRAS REVELAN SU CORAZÓN

SANTIAGO 3.2:

*Porque todos ofendemos muchas veces. Si alguno
no ofende en palabra, éste es varón perfecto,
capaz también de refrenar todo el cuerpo.*

Una cosa es prometerse amor y respeto uno al otro; pero otra cosa es vivirlo diariamente, especialmente a través de lo que decimos. Por ejemplo, si Sarah está hablando conmigo acerca de algo y respondo con un «ajá» distraído porque mi atención se ha desviado hacia la pantalla de la tele o el periódico, ella podría pasarlo por alto la primera vez, pensando que cualquiera puede distraerse. Pero si continúo dándole vistazos a la pantalla de la tele o al periódico mientras ella me está dando el informe del día, ella podría fácilmente empezar a sentirse desamada. Podría tratar de no tomarlo en serio diciéndose: «Oh, él es así; siempre anda pensando en algo», pero en su interior tiene «dolor su corazón» (Proverbios 14.13).

Si le digo a Sarah que la amo pero presto poca atención cuando ella me habla, ella pronto empezará a preguntarse cuánto realmente la amo. Necesito comunicar mi amor con palabras, sí, pero también con mi atención. Los gruñidos, ajases y otros sonidos no bastan. Ella no necesita que le dé una página de poesía romántica diariamente; solo desea contacto visual conmigo y que la escuche con atención. Hay muchas maneras de decir «Te amo» y Sarah rápidamente detecta cuando provienen del corazón.

Y, por supuesto, lo inverso también es cierto. Supóngase que trato de decirle a Sarah lo satisfactorio que resultó ayudar a alguien con un problema matrimonial aquel día por teléfono o por email. Si ella sencillamente dice: «Sí, bueno, eso es magnífico, amor. ¿Qué quieres cenar esta noche?», yo podría empezar a pensar que ella no valora mi trabajo. O si la invito a ver un reportaje especial en las noticias y ella dice: «Anda tú. Necesito llamar a unas amigas», no se necesitaría mucho para que yo empezara a preguntarme si ella realmente siente mucho respeto por mí en su corazón. Hay muchas maneras de comunicar respeto, y puedo discernir rápidamente cuando son genuinas y provienen del corazón de Sarah.

Por supuesto, usted podría estar pensando: *Un minuto. Solo porque me descuido, me distraigo o uso palabras no bien pensadas eso no significa que no tengo amor o respeto en mi corazón. Nadie habla de modo perfecto todo el tiempo. Nadie dice justo la cosa perfecta en todo momento del día.* Ese es un buen punto, pero me refiero a patrones y hábitos. Sarah y yo reconocemos que ninguno de los dos habla de modo perfecto todo el tiempo. Como lo dice el versículo de hoy, todos cometemos errores, frecuentemente con nuestras lenguas. ¿Pero cuál es la solución? Si podemos controlar nuestras lenguas, nos controlamos a nosotros mismos.

PERSPECTIVA:
Las palabras cuidadosamente medidas de amor y respeto van de la cabeza al corazón.

Reconocemos que si estamos interesados en vivir el amor y respeto, tenemos que hacer todo lo posible por medir nuestras palabras con cuidado. No seremos impecables ni hablaremos perfectamente todo el tiempo, *pero podemos pedirle a Dios que nos ayude a hablar menos imperfectamente.*

¿Le parece que eso es fijarse una meta poco ambiciosa? No creemos que lo sea. Al medir nuestras palabras y pedirle a Dios que nos dé sabiduría para hablar de modo menos imperfecto, escuchamos mejor al amor y respeto que fluye de nuestros corazones.

ORACIÓN: Denle gracias al Señor por las muchas oportunidades que tienen cada día para comunicarse el amor y respeto. Pídanle la sabiduría para medir sus palabras cuidadosamente al hablar amor y respeto desde el corazón.

ACCIÓN: Esta semana procuren hacer un esfuerzo especial por comunicarse amor y respeto con palabras medidas y atención enfocada. Al final de la semana, dediquen tiempo para conversar sobre lo que han aprendido y cómo pueden continuar la práctica. (Para preguntas para análisis, consulte la página 268 en el apéndice A.)

CAPÍTULO 50

POR QUÉ TODOS NECESITAMOS RESPETO

1 PEDRO 3.1–2:

*Asimismo vosotras, mujeres, estad sujetas a vuestros maridos...
considerando vuestra conducta casta y respetuosa.*

1 PEDRO 3.7:

*Vosotros, maridos, igualmente, vivid con ellas sabiamente,
dando honor a la mujer como a vaso más frágil.*

C ualquiera que haya leído *Amor y Respeto* sabe que enfatizo que hay que darle respeto al esposo no porque lo merezca, sino porque lo necesita de modo desesperado. Tan desesperado que una vez que el esposo típico empieza a escuchar palabras de respeto de su esposa, frecuentemente empieza a amarla de la manera que ella más desea ser amada.

Por haber hecho la Conexión Amor y Respeto, miles de matrimonios se han salvado, fortalecido y enriquecido. Las parejas comprenden que los Beatles se equivocaron cuando cantaban «All You Need Is Love» («Todo lo que necesitas es amor»). Sí, el amor puede hacer que el mundo dé vueltas, pero el amor *no es* suficiente para hacer que un matrimonio funcione. El respeto ha sido el elemento ausente, especialmente para los esposos, y una vez que la pareja establece la Conexión Amor y Respeto, suceden cosas maravillosas.

Es interesante que al empezar a encuestar a parejas con un cuestionario estándar antes y después de las conferencias de Amor y Respeto, hemos descubierto que las esposas y los esposos se proponen decirse *la una al otro*: «Te respeto». *Ambos cónyuges* parecen desear y necesitar respeto. Por supuesto, para las esposas el amor sigue siendo importante, vital, pero les escucho decir también: «¿Cómo logro que me respete? Siento que recibo bastante amor de él, pero también necesito respeto y aprecio».

Definitivamente, el apóstol Pedro está de acuerdo. En 1 Pedro 3.1–7, su pasaje poderoso en cuanto a la intimidad en el matrimonio, él no habla del amor. En lugar de ello se enfoca en la necesidad que tienen las esposas de mostrar a sus maridos una «conducta casta y respetuosa» (v. 2) y a los esposos que sean considerados con sus esposas, tratándolas con honor y respeto (vea el v. 7).

¿Por qué Pedro no predica acerca del amor en el matrimonio? Pedro era casado, y sabía que las nociones excesivamente románticas asociadas con el «amor verdadero» pueden despistar y desilusionar a una pareja cuando las tareas diarias, los problemas y preocupaciones del matrimonio se manifiestan con fuerza plena. Por ser judío, criado conociendo el Antiguo Testamento, Pedro frecuentemente había tenido que leer los pasajes candentes del Cantar de los Cantares, pero también sabía que Salomón y aquella belleza sulamita no estuvieron enfermos de amor para siempre (vea Cantares 2.5). Eventualmente, la realidad se manifestó y su relación no perduró.

> PERSPECTIVA: El amor enciende el motor del matrimonio; el respeto mantiene los cilindros funcionando a su máximo potencial.

Creo que la mejor sabiduría que puede sacarse del Cantar de los Cantares es que enfocarse en el romance puede embaucar a una pareja y llevarlos a pensar que su matrimonio está desmejorado porque no están constantemente con estrellas en los ojos e infatuados. El matrimonio es para gente crecida, no para la mentalidad de adolescente que se representa en las películas típicas para mujeres de la actualidad.

¿Acaso estoy sugiriendo que nos esforcemos por lograr una monotonía matrimonial? ¿Sin pasión, sin romance, sin flores, sin tarjetas, sin cenas a la luz de las velas? Por supuesto que no. La pasión tiene su lugar, pero también hay que mantenerla en su lugar. El otro lado de la moneda matrimonial exige lo que Pedro describe: las esposas deben respetar y apreciar a sus esposos, y los esposos deben estimar, honrar y, en efecto, respetar a sus esposas. Creo que Dios reveló a Pedro que el matrimonio es protegido, preservado, preciado y placentero cuando dos personas se respetan y se honran mutuamente. ¿Cómo entonces debe verse el respeto?

Un esposo cuenta que su esposa «escribió en mi tarjeta lo mucho que me respeta y admira por lo que hago por ella y por nuestra familia... ella me dice esto en muchas maneras diferentes continuamente, y cada vez me siento alentado por sus palabras».

Una esposa me cuenta: «Busco el respeto más que el amor de Jon. Él es muy afectuoso, pero necesitaba que me apreciara por todas las cosas que hago por él y que me aceptara por la persona que soy. En la actualidad soy la que tiene que trabajar para que él pueda seguir estudiando, cocino el almuerzo y la cena para él cinco de los siete días de la semana, me aseguro que nuestras finanzas estén en orden, llevo a cabo la mayoría de las tareas diarias: ir al mercado, a la lavandería, hago el aseo, soy la que me aseguro que no perdamos fechas importantes para nuestros amigos y familiares, y así sucesivamente».

Aquella canción que fue un éxito preguntaba: «What's love got to do with it?» («¿Y qué tiene que ver el amor con eso?») Pues mucho, pero no olvidemos el respeto. Si un esposo ama a su esposa como debiera, ella se sentirá honrada y respetada. Si una esposa respeta a su marido como debiera, él se sentirá amado y apreciado. Todos ganan. ¡Es amor y respeto!

ORACIÓN: Denle gracias al Señor por las verdades que enseña 1 Pedro 3.1–7, lo cual nos da el secreto para mantener el amor maduro vivo y en buenas condiciones en su matrimonio. Pídanle sabiduría para respetarse el uno al otro en la manera que Dios les dirija.

ACCIÓN: Esta semana, procuren obtener una copia de la letra de la canción de Aretha Franklin que fuera éxito en 1965, «R-E-S-P-E-C-T». Intenten cantarla juntos o por lo menos hablar de la letra. En varias maneras, díganse uno al otro: «Te aprecio» o «Respeto lo que el Señor está haciendo a través de ti». (Para preguntas para análisis, consulte la página 269 en el apéndice A.)

CAPÍTULO 51

CONÉCTESE AL PODER DEL OPTIMISMO

FILIPENSES 1.6:

Estando persuadido de esto, que el que comenzó en vosotros la buena obra, la perfeccionará hasta el día de Jesucristo.

¿Cuánto optimismo siente usted hacia su matrimonio? Ya hemos visto la importancia de ser positivos el uno con el otro (capítulo 45), pero estoy hablando de cómo usted ve *su matrimonio*, su compromiso de esposo o de esposa a vivir con amor y respeto para glorificar a Cristo.

En Ministerios Amor y Respeto hemos investigado a más de veinticinco mil personas y descubierto que las parejas que desean el éxito, y que lo logran, tienen un punto de vista optimista en cuanto al futuro de su matrimonio. Muchas de estas parejas enfrentan desafíos grandes y problemas; no obstante, se sienten entusiasmados. Estos son algunos de sus comentarios:

- «Nos sentimos esperanzados de que podemos tener el matrimonio maravilloso que deseamos, y ambos estamos deseosos de trabajar en él».

- «Hemos tenido luchas en nuestro matrimonio, pero abrigamos esperanzas de hacerlo funcionar».
- «Los dos estamos leyendo el libro y nunca nos hemos sentido más entusiasmados acerca del matrimonio ni tan llenos de esperanza».

Al decir «optimista», no estoy hablando de una ingenuidad simplista, de una falta de cuidado o de un mal juicio, ni tampoco me refiero a un entusiasmo poco realista o irrazonable. En lugar de ello, tenemos la opción de ver los prospectos florecientes de la aplicación del amor y respeto en formas nuevas y concretas. Las parejas optimistas ven la posibilidad de mostrar amor y respeto, aun al enfrentar sentirse desamado o irrespetado. Se niegan a dejar que los problemas les impidan aplicar el amor y el respeto, como lo atestigua este esposo:

Me siento *entusiasmado* en cuanto a mi esposa y nuestro futuro por primera vez en más de trece años. ¡Realmente! Tenemos un camino escabroso por delante, pero ahora tengo el conocimiento necesario para comprender cómo sentir y cómo combatir los comentarios «irrespetuosos» de mi esposa, y de igual modo espero que ella tenga el conocimiento en cuanto mi aspecto «desamoroso».

¿Optimismo o pesimismo? Siempre es su decisión, sin importar cuál sea su temperamento natural. Algunos nacemos sanguíneos (extrovertidos, alegres y positivos), otros melancólicos (callados, pensativos, quizás meditabundos). Jeremías, uno de los profetas más grandes del Antiguo Testamento, era melancólico por naturaleza, pero aún así optó por el optimismo en medio de su angustia por Israel: «Esto recapacitaré en mi corazón, por lo tanto esperaré. Por la misericordia de Jehová no hemos sido consumidos, porque nunca decayeron sus misericordias. Nuevas son cada mañana; grande es tu fidelidad» (Lamentaciones 3.21–23).

Pablo el apóstol era mucho más melancólico que sanguíneo, no obstante en nuestro versículo clave dice que los seguidores de Cristo podemos poner nuestra confianza en Dios porque Él ha iniciado una buena obra y hará que su obra crezca y madure en nosotros hasta el final. Y recuerde que Pablo escribió Filipenses 1.6 mientras se hallaba bajo arresto, ¡encadenado a un soldado romano!

Ya sea Jeremías o Pablo quien nos hable, obtenemos ciertas pistas sobre lo que significa ser optimistas:

- Los optimistas tienen su esperanza en Dios.
- Los optimistas son agradecidos.
- Los optimistas sienten entusiasmo por lo que Dios está haciendo y lo que hará.

Nunca es demasiado tarde para iniciar la travesía optimista. Una pareja, con un matrimonio menos que feliz de más de cuarenta y tres años, escuchó el mensaje de Amor y Respeto y esto les afectó tanto que se tornaron abiertamente afectuosos delante de sus hijos adultos. Y en una tarjeta de aniversario, el esposo dijo a su esposa: «¡Estoy tan entusiasmado por nuestro futuro juntos!»

Eso lo resume todo. ¿Es usted optimista en lo que a su matrimonio se refiere? Si lo es, entonces usted está entusiasmado acerca de su futuro juntos, porque sabe que Dios ha iniciado una buena obra y que solo hará que mejore.

> **PERSPECTIVA:** Las parejas optimistas anticipan un futuro de amor y respeto. ¡Funciona!

ORACIÓN: Denle gracias al Señor por lo que está haciendo en su matrimonio y por la esperanza que tienen en Él. Pídanle que les dé una mayor conciencia de su misericordia incesante y de su misericordia indefectible, las cuales son nuevas cada mañana. ¡Grande es su fidelidad!

ACCIÓN: Esta semana propóngase hablarse con optimismo acerca de su matrimonio. Cuando surjan los problemas, tomen nota de lo que Dios está haciendo y denle gracias por lo que hará, piensen positivamente y exprésense estos pensamientos verbalmente el uno al otro. (Para preguntas para análisis, consulte la página 270 en el apéndice A.)

CAPÍTULO 52

CUANDO YA TODO ESTÁ DICHO Y HECHO

FILIPENSES 1.21:

Porque para mí el vivir es Cristo, y el morir es ganancia.

Para concluir este libro, solicito su permiso para hacerle una pregunta importante. ¿Qué le viene a la mente cuando lee estas palabras:?

Usted va a morir.

Tal vez esté pensando, *Vaya, Emerson, ¡qué pensamiento más morboso! Nadie tiene ansias de morir.* Bueno, en un sentido eso es cierto, pero en otro sentido, la muerte debería ser un pensamiento glorioso. Si así no fuera, ¿qué quería decir Pablo cuando dijo: «Porque para mí el vivir es Cristo, y el morir es ganancia»?

¿Alguna vez ha pensado sobre su muerte o sobre cómo morirá? Will Shriner dijo: «Quiero morir mientras duermo, como mi abuelo... no gritando y dando alaridos como los pasajeros que viajaban en su auto». Dejando a un lado el humor negro, la próxima vez que visite un cementerio, observe las lápidas. Cada una de ellas tiene una fecha de nacimiento y una fecha de defunción separadas por un

guión. Si lo pensamos, la vida de cada persona se reduce a ese guión
— lo que aconteció entre el nacimiento y la muerte. Para Pablo, vivir
ese guión tenía que ver con vivir para Cristo. Todo lo que hizo, lo
hizo teniendo en mente a Cristo.

¿Qué relación tiene esto con el matrimonio? Los seguidores de
Cristo, para vivir de la manera que Cristo nos ha llamado y tener
el matrimonio que Él ha deseado para
nosotros, tenemos que captar la visión
de presentarnos delante de Él después de la muerte y escuchar: «¡Bien
hecho!» (Vea Mateo 25.14–21). Imagine
la escena, los creyentes ascienden al
cielo y comparecen ante Cristo. A un
esposo Él dice: «Bien hecho. Te vestiste de amor cuando tu esposa tuvo
momentos de irrespeto, y aún cuando te mostraba algo de desdén.
Estás a punto de recibir la recompensa de todos los actos de amor
que hiciste por ella». A una esposa, le dice: «Bien hecho. Te vestiste
de respeto hacia tu esposo cuando él volvió a fallar y fue desamoroso— cuando te sentiste echada a un lado y desestimada. Lo vi.
Estás a punto de ser recompensada por todos tus actos de
respeto».

> **PERSPECTIVA:** Al fin y al cabo de tu matrimonio, ¿qué tendrá que decir Dios?

Casi todas las semanas escucho de esposos y esposas que han
captado el significado de su «guión». Un esposo escribe:

> Mi corazón estaba bajo convicción. La razón por la cual mi
> matrimonio no estaba glorificando a Dios era que yo no estaba
> viviendo mi matrimonio para el Señor. No se trata de que mi
> esposa y yo tuviéramos diferencias o no, sino de que yo viva
> para Cristo y muera al yo, entregándome a Cristo.

Reconociendo que «mi matrimonio es una trinidad» (ella, su
esposo y el Señor) una esposa escribió:

Al recordarme a mí mismo que debo amar a Cristo a través de mis acciones y actitudes hacia Allen, entonces todo cambia para mí. Tal vez podría decirse que he dado un paso fuera de *mi* yo, de *mis* reacciones, de *mis* sentimientos heridos y he entrado a la realidad del Señor en nuestra relación. Esta verdad de que Cristo sea el centro del matrimonio siempre ha sido parte de mi manera de pensar. No obstante, a través de treinta y dos años de matrimonio, he vivido en mis propias fuerzas emocionales. En consecuencia, los viajes por el Ciclo Loco se tornaron más frecuentes y más largos, pero cada vez que paso de ser apenas una «oidora de la palabra» a ser una «hacedora de la palabra», ocurren cambios.

Cartas como esta me dicen que muchos cónyuges están captando lo que deben hacer con su guión. Parafraseando lo dicho por Don Moen en una canción, cuando todo esté dicho y hecho, solo habrá una cosa que importe. ¿Hicimos nuestro mejor esfuerzo por vivir por la verdad? ¿Vivimos por Él, amándonos y respetándonos el uno al otro incondicionalmente por todo el camino? Sí, habremos fracasado aquí y allá. Como señalé en el primer devocional de este libro, practicar el Amor y Respeto no garantiza un nirvana matrimonial. Pero el asunto no es si fracasamos o resbalamos. *Volvernos a levantar es lo que importa.* El asunto es depender del Señor. Él desea que le dejemos obrar en nosotros en cada momento de cada día. Al concluir este libro, mi oración por ustedes es:

Que ahora el Dios de paz, que levantó de los muertos a Jesús nuestro Señor, les equipe en toda manera para cumplir su voluntad de amarse y respetarse el uno al otro mientras Él obra en su matrimonio lo que es agradable a sus ojos, con toda la gloria para Jesús por siempre y para siempre. ¡Sí! ¡Sí! ¡Sí![1]

ORACIÓN: Denle gracias al Señor que los seguidores de Cristo podemos decir: «Para mí el vivir es Cristo, y el morir es ganancia». Pídanle la sabiduría y fortaleza para vivir su «guión» con amor y respeto el uno para el otro.

ACCIÓN: Juntos o de modo individual, reflexionen sobre su matrimonio en los meses recién pasados. ¿Qué están edificando juntos? ¿Cómo está cada uno de ustedes viviendo su «guión»? (Para preguntas para análisis, consulte la página 272 en el apéndice A.)

Una palabra final sobre cosechar las recompensas de Amor y Respeto

Su experiencia de Amor y Respeto ha terminado, al menos por el momento. Espero que regrese y repase algunos capítulos, y que medite en las verdades devocionales que ha considerado. Algunos de estos devocionales ayudan a derrotar el Ciclo Loco, mientras que otros le guían en el uso de principios poderosos del Ciclo Energizante. Comprender estos dos ciclos es importante, aun vital.

> Sin amor, ella reacciona sin respeto; sin
> respeto él reacciona sin amor.

> El amor de él motiva el respeto de ella, el
> respeto de ella motiva el amor de él.

En reiteradas ocasiones he tenido la oportunidad de utilizar la analogía del Ciclo Loco para ayudar a las parejas a ver por qué tienen tensión continua, problemas y riñas. De inmediato lo captan. El Ciclo Energizante es igual de importante, pero por otro motivo. Si bien el concepto del Ciclo Loco es curativo, el Ciclo Energizante es proactivo. Es un juego de herramientas figuradas que le ayuda a edificar un matrimonio fuerte y fiel, capaz de soportar los embates de las fuerzas perversas y demoníacas reunidas en contra de ustedes en estos días posmodernos de «haz lo que parece bien ante tus propios ojos».

Pero, por favor, escúcheme en este punto, si bien los seguidores de Cristo pueden utilizar los conceptos del Ciclo Loco y del Ciclo Energizante hasta su potencial pleno, hasta los no creyentes pueden aplicarlos para dejar de reñirse y mejorar su matrimonio. Sin embargo, el mensaje de Amor y Respeto abarca mucho más que eso, y este «mucho más» se encuentra en el Ciclo Gratificante. Algunos de los devocionales hallados en este libro están diseñados directamente para ayudarle a entrar en el Ciclo Gratificante pero, en verdad, espero que todos tengan ese efecto a largo plazo porque el Ciclo Gratificante es el corazón del mensaje de Amor y Respeto:

El amor de él bendice sin depender del respeto de ella.

El respeto de ella bendice sin depender del amor de él.

Es mi esperanza y oración que mientras usted y su cónyuge hayan hecho los devocionales de este libro, se hayan percatado de su propósito primordial: guiar a dos personas a amarse y a respetarse de modo incondicional, por una conciencia profunda de Jesucristo. Los dos se dan cuenta de que el matrimonio no trata primordialmente de que se agraden el uno al otro, a pesar de lo importante que eso es. Su matrimonio trata de confiar y obedecer las instrucciones dadas por Dios en Efesios 5.33. Los dos reconocen que su matrimonio es una herramienta y una prueba para profundizar y demostrar su amor y reverencia por Cristo.

Como dos creyentes santos y sabios, ustedes ven su matrimonio como un reflejo de la imagen de Dios. Juntos buscan manifestar el carácter y la fortaleza de Cristo ante los familiares y amigos que les observan. Como pareja buscan ministrar como equipo y orar como equipo. Y al buscar al Señor juntos, verán su matrimonio cada vez más como Dios lo ve, a la vez que Él les da sabiduría y poder para llevarlo a la manera de Él.

Así que verdaderamente espero que su experiencia de Amor y Respeto no haya concluido. Espero que esté volviendo a empezar en lo que ustedes buscan cosechar las recompensas continuas que Dios tiene para ustedes.

Con Amor y Respeto,

Emerson

PREGUNTAS PARA DISCUSIÓN DE LOS CAPÍTULOS 1—52

L as preguntas siguientes pueden utilizarse para estudios individuales, grupos de análisis o para estimular conversaciones entre el esposo y la esposa.

CAPÍTULO 1: Y VIVIERON FELICES PARA SIEMPRE... NO NECESARIAMENTE

1. ¿Está o no de acuerdo en que Amor y Respeto «suena sencillo pero no es fácil de hacer»? ¿Por qué resulta fácil recaer en patrones antiguos que conducen al Ciclo Loco? ¿Cómo pueden ayudarse el uno al otro a ser más consistentes?
2. El versículo clave dice que «siete veces cae el justo, y vuelve a levantarse» (Proverbios 24.16). Al anticipar poner en práctica Amor y Respeto, ¿qué significa este versículo para usted?

_____ Solo podemos fracasar siete veces.
_____ La gracia y el auxilio que Dios brinda nunca tienen fin.
_____ Dios es más paciente de lo que merezco.
_____ Pienso que: _____

3. ¿Cuál de estos tres pasos parece ser más útil cuando usted necesite «levantarse»?

_____ Nunca darse por vencido.
_____ Pedir perdón a Dios y uno al otro.
_____ Pedir ayuda a Dios diariamente.
_____ Pienso que: _____

CAPÍTULO 2: ROSA Y AZUL: NINGUNO ES INCORRECTO, ¡SOLO SON DIFERENTES!

1. ¿Ve usted las diferencias de Rosa y Azul entre ustedes dos como una ventaja o como un punto débil? ¿Cómo puede ser un punto fuerte reconocer estas diferencias? ¿Cómo la falta de reconocerlas puede causar estrés y fricciones?

2. ¿Está usted de acuerdo que, en el fondo, Rosa y Azul no son incorrectos, sino solo diferentes? ¿Puede darle gracias a Dios por sus diferencias? Tal vez desee anotar las diferencias que pueden causar tensiones y conflictos. Analícelas y conviértalas en motivo definitivo de oración.

3. Utilice la idea de Acción de hablar con su cónyuge sobre cómo ayudarse a ver las cosas a través de las gafas del otro y de escuchar a través de los audífonos del otro. ¿Es cuando están a punto de iniciar el Ciclo Loco la única vez que hacen esto? ¿Qué otras situaciones hay que son adecuadas para tratar de ver el punto de vista del otro? ¿Qué puede hacer esta semana para reconocer y demostrar su aceptación de las diferencias entre Rosa y Azul?

CAPÍTULO 3: ¿TIENE UN MATRIMONIO DE BUENA VOLUNTAD?

1. ¿Por qué la buena voluntad es un principio tan importante de comprender para su matrimonio? ¿Pueden los matrimonios dar por sentado que se tienen buena voluntad el uno por el otro?
2. ¿Cuándo resulta más difícil buscar y hallar buena voluntad en su pareja? ¿Son las horas del día un factor? ¿O ciertas áreas de desacuerdo?
3. ¿Por qué algunas veces resulta fácil pensar que su cónyuge no siente buena voluntad hacia usted? ¿Con qué frecuencia le resulta necesario otorgarle a su cónyuge el «beneficio de la duda por buena voluntad»? ¿Con qué frecuencia piensa usted que a su cónyuge le resulta necesario hacer eso mismo?
4. ¿Por qué es vital suponer siempre que su cónyuge tiene buena voluntad hacia usted, sin que nada más importe?

CAPÍTULO 4: DIOS LES UNIÓ, Y MANTENDRÁ ESA UNIÓN

1. ¿Creía usted cuando se casó que Dios les había unido? Recuerde cómo sucedió. ¿Cómo se manifestó la mano de Dios?
2. Si Dios nos ha unido, ¿por qué sigue siendo tan fácil tener conflictos y hasta infelicidad? Santiago 4.1 dice que las guerras y los pleitos provienen de «vuestras pasiones, las cuales combaten en vuestros miembros». ¿Cuál es la mejor manera de controlar estas pasiones?
3. En Mateo 19.6, Jesús enseña que el hombre y la mujer «no son ya más dos, sino una sola carne». ¿Qué significa para usted ser «una sola carne»?
4. ¿Cómo puede la Conexión Amor y Respeto mantener fuertes sus lazos matrimoniales? ¿Está usted de acuerdo con Emerson y Sarah cuando dicen que «Dios nos ha unido y nos mantendrá unidos si ponemos nuestro matrimonio en sus manos»? Conversen sobre las ideas del punto Acción durante los momentos de tensión.

CAPÍTULO 5: LA RELACIÓN 80:20: EL SECRETO PARA APRECIAR SU MATRIMONIO

1. Emerson afirma que cuando desarrolló el concepto de la relación 80:20, escogió el veinte por ciento como una cifra arbitraria para estimar la cantidad de problemas que una pareja casada podría experimentar. ¿Piensa usted que esa cifra es muy alta o muy baja en relación con su matrimonio?
2. ¿Cómo manejan usted y su cónyuge el concepto de «aflicción de la carne»? (Vea 1 Corintios 7.28.)
3. ¿Por qué es, con frecuencia, más fácil enfocarse en el veinte por ciento (las irritaciones y fastidios) y olvidarnos de que la mayor parte del tiempo las cosas van bien? Conversen sobre las ocasiones del veinte por ciento. ¿Cuándo ocurren? ¿Por qué?
4. ¿Qué opina usted de lo que Emerson dijo a Sarah al principio de su matrimonio, acerca de querer que todo fuera perfecto, pero que enfocarse en el veinte por ciento podría llegar a envenenar el ochenta por ciento bueno? ¿Fue excesivamente brusco? ¿Cómo se vio ella afectada por las palabras de él?
5. Observe la idea de Acción para tratar con los momentos de aflicción. ¿Cómo adaptaría usted las palabras para aplicarlas a su matrimonio?

CAPÍTULO 6: LOS ERRORES SUCEDEN ¿Y LUEGO QUÉ?

1. ¿Le es fácil o difícil reconocer que ha cometido un error? ¿Ha intentado alguna vez hacer que «se esfume con unas cuantas palabras»?
2. Si comete un error y ofende a su cónyuge, usted puede elegir hacer lo respetuoso y amoroso. ¿Qué significa esto para usted personalmente? ¿Qué debería hacer?
3. Según Emerson, no hay palabras más poderosas en el matrimonio que «Me he equivocado. ¿Me perdonas?» Si esto es cierto, ¿por qué a veces (o frecuentemente) es tan difícil decirlas? ¿Cuál de los aspectos siguientes le causa más dificultades?

_____ Enojo
_____ Orgullo
_____ Vergüenza
_____ Temor
_____ Otro: _____

4. Eclesiastés 7.20 dice: «Ciertamente no hay hombre justo en la tierra, que haga el bien y nunca peque». ¿Le consuela, le motiva, le anima, o le deprime este versículo? ¿Por qué?

CAPÍTULO 7: PREGUNTA: ¿QUÉ ES EL AMOR?
RESPUESTA: P-A-R-E-J-A

1. ¿Cómo respondería usted a la pregunta: qué es el amor? ¿Es algo que se siente? ¿Es algo que se hace? ¿Es ambas cosas? (Si están trabajando juntos, escriban sus respuestas por separado y luego compárenlas.)

2. Emerson enseña a los esposos que pueden amar a sus esposas por medio de ser P-A-R-E-J-A: Cercanía, Apertura, Comprensión, Reconciliación, Lealtad, Estima. ¿Cuál de éstas es más importante (o quizás más difícil) para usted? (Nuevamente, tal vez deseen escribir sus respuestas por separado para luego compararlas y discutirlas.)

3. En una escala de 1 a 10, ¿qué tan bien está usando el Ciclo Energizante? Emerson le advierte a no desanimarse si su puntuación es mayor que la de su cónyuge. Escoja una de las letras de P-A-R-E-J-A para que los dos trabajen en el aspecto que le corresponde. Por ejemplo, ¿cómo puede él ser más cercano? ¿Cómo puede ella invitar la cercanía de él?

4. Observe la idea de Acción al final del devocional. Halle una sugerencia al final de los capítulos 9 al 14 de *Amor y Respeto* que le resulte novedosa y diferente.

CAPÍTULO 8: PREGUNTA: ¿QUÉ ES EL RESPETO? RESPUESTA: S-I-L-L-A-S

1. ¿Está de acuerdo con Wendy, que cree que «la pregunta o preocupación más grande que tenemos las mujeres es: ¿Qué es el respeto?» ¿Por qué algunas esposas tienen dificultades para respetar a sus maridos?
2. ¿Debieran los esposos tener que ganarse el respeto más que las mujeres debieran ganarse el amor? Algunos dicen que el respeto (o el amor) incondicional es imposible. ¿Significa esto que ni siquiera se debería intentarlo?
3. Emerson enseña a las esposas que pueden respetar a sus esposos por medio de hacer S-I-L-L-A-S: apreciar su deseo de trabajar y alcanzar logros (Conquista), apreciar su deseo de proteger y proveer (Jerarquía), apreciar su deseo de guiar y servir (Autoridad), apreciar su deseo de analizar y aconsejar (Discernimiento), apreciar su deseo de una amistad hombro a hombro (Relación) y apreciar su deseo de intimidad física (Sexualidad). ¿Cuál de estos aspectos es más importante (o quizás más difícil) para usted? Escriban sus respuestas por separado y compárenlas.

CAPÍTULO 9: LA LEY DE NEWTON: EL CICLO LOCO EN ACCIÓN

1. Según la Ley de Newton, toda acción tiene una reacción igual y opuesta. ¿Cómo se aplica esto al matrimonio? Dé un ejemplo negativo y uno positivo.
2. En un vestidor de gimnasio en una escuela militar, Emerson experimentó la Ley de Newton de manera algo dolorosa. En lugar de empezar una pelea, él no lanzó ningún puñetazo. Los cónyuges no se intercambian puñetazos físicos, pero siempre resulta fácil lanzar golpes o zarpazos verbales. Proverbios 26.21 advierte contra ser buscapleitos. ¿Qué más añade Proverbios 21.23 en cuanto a controlar la lengua?
3. ¿Por qué la Ley de Newton puede conducir al Ciclo Loco? ¿Puede mencionar el axioma del Ciclo Loco? (Sin amor, ella reacciona sin _____. Sin respeto, él reacciona sin _____.) Lea la perspectiva del capítulo 9. ¿Por qué las palabras pueden ser como golpes? ¿Qué tipo de palabras pueden ponerlos a ustedes dos en el Ciclo Loco?
4. Emerson señala que «su cónyuge es sensible y vulnerable». Repase el punto de Acción de este devocional. ¿Qué tipo de golpes o zarpazos verbales pueden eliminar cada uno de ustedes?

CAPÍTULO 10: ÉL NOS AMA PORQUE NOS AMA ¡PORQUE NOS AMA!

1. ¿Le resulta fácil o difícil creer verdaderamente que debido a que usted y su cónyuge forman parte de la esposa de Dios, la iglesia, Él se deleitará en ustedes por siempre? Describa lo que significa para usted ser parte de la esposa de Dios, la iglesia.

2. ¿Qué hacen Emerson y Sarah cuando son culpables de comportamiento contrario a Cristo el uno hacia el otro? ¿Pueden usted y su cónyuge unirse a ellos al decir: «Nunca nos damos por vencidos, porque sabemos que él no se da vencido con nosotros».

3. ¿Se podría interpretar la frase «Dios se deleita en nosotros pase lo que pase» como una excusa? ¿Cómo se podría evitar eso? ¿Es, apropiarse del perdón de Dios, algo que usted hace con facilidad, o con reservas? Lean 2 Timoteo 2.13 juntos y hablen al respecto.

4. Repase la idea de Acción. ¿Existe alguna área en la cual usted siente que ha fallado? Escríbala, confiésela y luego escriba una forma específica en la cual esto pudiera ayudarle a amar o a respetar a su cónyuge de modo más eficaz.

CAPÍTULO 11: EL ROSA DE ELLA MÁS EL AZUL DE ÉL FORMAN EL PÚRPURA DE DIOS

1. Según el cuadro verbal que nos presenta Emerson, el esposo Azul y la esposa Rosa reflejan cada uno la imagen de Dios, y cuando se unen, reflejan el Púrpura, el color de la realeza divina. ¿Qué efecto tiene esta imagen sobre su opinión del matrimonio?

2. La combinación de Rosa y Azul en Púrpura divino le ayuda a explicar el misterio de que dos se vuelvan «una sola carne»? (Efesios 5.31) Muchos dicen que este versículo se refiere a la unión sexual. ¿Por qué sabemos que debe significar mucho más que eso?

3. Emerson escribe: «En el matrimonio él y ella se convierten en «nosotros». El esposo no pierde su masculinidad, ni la esposa su feminidad. Pero juntos son más, ¡mucho más!» ¿Cómo es que el esposo y la esposa se convierten en «más» en su matrimonio? ¿Cuáles de las afirmaciones siguientes se aplican a usted y a su cónyuge?

_____ Nos convertimos en un equipo.
_____ Podemos llegar a conocer amor y respeto más profundos.
_____ Podemos honrar más a Cristo.
_____ Podemos sentir unidad aun cuando las cosas no sean perfectas.
_____ Pienso que: _____

4. ¿Cómo puede diluirse su unidad (color Púrpura)?

_____ Caemos en el Ciclo Loco.
_____ No hacemos lo suficiente el Ciclo Energizante.
_____ Me olvido que Cristo está escuchando.
_____ Descuido mi vida personal de oración.

5. Hablen juntos acerca del punto de Acción. ¿De qué otras maneras pueden hacer que su Rosa y su Azul produzcan un Púrpura fuerte?

CAPÍTULO 12: LA PERSPECTIVA LO ES TODO

1. ¿Recuerda usted la relación 80:20 del capítulo 5? Podemos anticipar problemas en por lo menos un veinte por ciento del tiempo de nuestro matrimonio (a veces más, a veces menos), pero alrededor del ochenta por ciento del tiempo la experiencia de nuestro matrimonio será buena. ¿Por qué es tan importante la perspectiva para evitar que ese veinte por ciento nos lleve al Ciclo Loco?

2. Según Emerson, concentrarse en el ochenta por ciento mantiene al Ciclo Energizante fuerte. ¿Qué dice el axioma del Ciclo Energizante? (El amor de él motiva el _____ de ella. El respeto de ella motiva el _____ de él.) ¿Cuántas cosas específicas ha hecho en el mes pasado para poner su énfasis en el ochenta por ciento positivo y motivar el amor de él y el respeto de ella? (Tal vez quiera repasar los acrónimos P-A-R-E-J-A y S-I-L-L-A-S, vea los capítulos 7 y 8.)

3. ¿Cómo puede la memorización de Proverbios 12.16 ayudarle a mantener el Ciclo Energizante en marcha? ¿Qué tan difícil es para usted «dejar de lado los insultos» (o pasar por alto las ofensas menores)?

4. Vuelva a leer la historia del granjero con botas enlodadas del capítulo 12. Después analice la afirmación: «¡La perspectiva lo es todo!»

Capítulo 13: Los que oran unidos aprenden a amarse y respetarse unidos

1. Todos sabemos que para un matrimonio la oración es importante, pero un cincuenta y cinco por ciento de las parejas que participan en Amor y Respeto indican que no oran juntos. Las razones que las parejas frecuentemente citan por las cuales no oran juntos incluyen las siguientes:

- No quieren sentir que la otra persona ora «contra» ellos
- Parece incómodo
- Lo intentaron y luego se dieron por vencidos

Si alguna de estas razones se aplica a su caso, hablen de ello y compartan lo que hay en sus corazones.

2. Un cuarenta y cinco por ciento de las parejas que participan de Amor y Respeto sí indican que oran juntos y cosechan beneficios tales como una mejor comunicación y disfrutan de más citas amorosas y actividad sexual. ¿Es «cosechar beneficios» la mejor motivación para orar? ¿Por qué usted y su cónyuge debieran intentar orar juntos con regularidad? (Observe por qué Emerson y Sarah oran juntos.)

3. Jesús enseñó a sus discípulos a orar siempre y a no desanimarse (o desmayar). ¿Qué cosas hacen que usted se desanime en la oración? ¿Por qué? ¿Qué hará para animarse a continuar orando?

4. Según Emerson, Dios responde de tres maneras básicas a la oración: «sí», «no» y «espera un rato». ¿Le resulta difícil algunas veces distinguir la diferencia? Cuando la respuesta parece ser «no» ¿estará Dios realmente diciendo: «Espera y confía en mí»?

5. Si no han estado orando juntos, tomen nota de las sugerencias

dadas en el punto de Acción de este devocional. ¿Están dispuestos a orar juntos, procurando hacer que tanto uno como el otro se sientan lo más cómodos posible?

Capítulo 14: ¿Quiénes son miembros de su comité mental?

1. Todos tenemos un «comité mental», denominado «ellos», cuyas opiniones nos importan. Mencione algunos de los «ellos» que forman parte de su vida, personas cuya aprobación usted desea.
2. Cuando se intenta practicar Amor y Respeto, ¿por qué es posible encontrarse con oposición abierta o tenue por parte de amigos y familiares, la mayoría de los cuales probablemente integran su comité mental?
3. Saulo, un fariseo de fariseos, creyó en Cristo y llegó a ser Pablo el apóstol, lo cual hizo que sus amigos y colegas de antes le criticaran severamente e hicieran cosas mucho peores. ¿Qué cosa permitió a Pablo no preocuparse cuando «ellos» se pusieron en su contra? (Repase Gálatas 1.10.)
4. Hable con su pareja en cuanto a la manera en la cual su decisión de poner en práctica Amor y Respeto ha sido recibida por sus familiares y amigos. Si no tiene oposición, sino solamente estímulo, dele gracias a Dios. Si hay los que critican y sus opiniones le importan, analice cómo podría eliminarlos de su comité mental de la manera más amorosa y pacífica posible.

CAPÍTULO 15: DECIR LA VERDAD...
NO SIEMPRE ES FÁCIL

1. ¿Puede la práctica de Amor y Respeto conducir a que uno actúe de modo «excesivamente bueno», a no ser honesto acerca de las cosas que le molestan? ¿Ha hecho alguno de ustedes esto para evitar los conflictos y mantener la paz? Comparta sus ideas, con amor y respeto.

2. ¿Existe también el peligro de ser «demasiado honesto»? Hablen sobre las formas en las cuales pueden ser honestos, pero gentiles, el uno con el otro.

3. En el Antiguo Testamento como en el Nuevo, Dios hace énfasis sobre decir la verdad. ¿Qué le enseña eso en cuanto a su relación con Dios y el uno con el otro? (Vea Efesios 4.25 y la nota de fin del capítulo 15 sobre Zacarías 8.16.)

4. ¿Qué opina usted de la idea dada en el punto de Acción, sobre dejar pequeños letreros alrededor de la casa que digan: «Háblame como si me *amaras*» y «Háblame como si me *respetaras*». Piense en otras maneras que le ayuden a recordar este principio: si amo (o respeto) a mi cónyuge, hablaré la verdad y mis palabras verdaderas serán dichas con amor y respeto.

CAPÍTULO 16: LOS SENTIMIENTOS NO SON HECHOS; DISCIÉRNALOS

1. ¿Por qué es importante equilibrar los sentimientos contra los hechos? ¿Por qué nos resulta difícil hacer esto? ¿Cómo pueden ayudarse el uno al otro con este asunto?

2. ¿Cómo puede ayudarles a equilibrar la escala de «hechos vs. sentimientos» recordar que ustedes son una combinación de Rosa y Azul y que ninguno de los dos es incorrecto en sí sino que solo son diferentes?

3. Algunas veces sus sentimientos pueden ser tan intensos que uno «sabe» que tiene la razón y su pareja está equivocada. Vuelva a leer lo que el devocional dice en cuanto a Proverbios 16.25 y cómo el expresar sentimientos fuertes es el «camino de muerte» del momento, del día, de la noche, y así sucesivamente. Hablen sobre cómo tratar lo que «parece recto» con amor y respeto.

4. El punto de Acción sugiere que cuando los sentimientos de uno de ustedes son fuertes, esa persona debe describir sus sentimientos mientras que la otra escucha detenidamente. Para empezar, uno de ustedes podría decir: «Estamos a punto de entrar en el Ciclo Loco. Hablemos acerca de mis sentimientos y tratemos de llegar a los hechos». ¿Cuál es la mejor manera de decir esto? ¿Contra qué cosas deberá cuidarse?

CAPÍTULO 17: ¿QUÉ ES LO QUE REALMENTE ESTÁ SUCEDIENDO?

1. ¿Alguna vez ha percibido, cuando las cosas se ponen tensas entre ustedes, que el problema *aparente* (qué comprar, dónde ir, hacia dónde conducir, y así sucesivamente) no es el problema real? Si reconoce que uno de los dos no se siente amado o respetado, ¿cómo le ayuda esto a tratar con el asunto en cuestión y tomar una decisión que los dos puedan aceptar?

2. Lean juntos la escena entre Jacob y Raquel en Génesis 30.1–2. ¿Qué cosa no captó Jacob en el clamor de Raquel? ¿Por qué se sentía ella tan desesperada? (Es útil leer Génesis 29 y el resto del capítulo 30 para obtener todo el cuadro disfuncional.) ¿Cuál era el asunto real de esta escena en términos de Amor y Respeto?

3. ¿Cómo puede la memorización de Proverbios 15.13 ayudarle a estar más atento a las situaciones en las cuales el problema aparente no es el problema real?

4. Discuta el punto de Acción. ¿Le resultaría fácil o difícil hacer lo que dice? ¿Por qué? ¿Vale la pena intentarlo?

Capítulo 18: John Wooden: Un legado de amor y respeto para las edades

1. Los logros atléticos de John Wooden son legendarios, pero lo que lo convirtió en un ser humano sobresaliente fue el hecho de que vivió según principios bíblicos. ¿Qué puede aprender del legado de John Wooden y usarlo para vivir su matrimonio con amor y respeto?

2. ¿Cómo se podría aplicar la cita siguiente de John Wooden a usted como cónyuge? «No se puede vivir un día perfecto sin hacer algo por alguien que nunca podría repagarlo».[1] ¿Cuáles hábitos o prácticas descritos en P-A-R-E-J-A o en S-I-L-L-A-S (vea los capítulos 7 y 8) puede usted mejorar o desarrollar para ser más incondicionalmente amoroso o respetuoso?

3. John Wooden también dijo: «Considera los derechos de los demás antes de tus propios sentimientos y los sentimientos de los demás antes de tus propios derechos». ¿Cómo refleja esta cita las preguntas siguientes de Amor y Respeto?

    «¿Le parecerá a ella poco amoroso lo que estoy a punto de decir o de hacer?»
    «¿Le parecerá a él poco respetuoso lo que estoy a punto de decir o de hacer?»

4. Proverbios 3.35 promete: «Los sabios heredarán honra». ¿Han pensado en la herencia o legado que desean dejar a los que vendrán después de ustedes? Dediquen tiempo a usar el punto de Acción y escriban el legado que desean dejar. Luego comparen lo que han escrito y utilicen la oración sugerida para encomendarse nuevamente a Jesús.

CAPÍTULO 19: OLVIDE LAS IMÁGENES NEGATIVAS; DISFRUTE LA PELÍCULA POSITIVA

1. ¿Encaja con su matrimonio la analogía de«imágenes instantáneas vs. película»? ¿Por qué resulta fácil dejar que las imágenes instantáneas negativas oscurezcan la película positiva que está en desarrollo? ¿Cuáles son las emociones que frecuentemente se involucran en ello?

2. Emerson dice que concentrarse en la «imagen local» puede llevarle a un «juicio global» muy negativo. ¿Cómo se aplican las palabras que dijo Jesús en Mateo 7.1–3?

3. Cuando una persona escribe a Emerson y enumera una cantidad de imágenes negativas de su cónyuge, Emerson recomienda escribir cinco a diez cosas positivas en lugar de ello. ¿Por qué este ejercicio sencillo frecuentemente cambia la percepción de la persona que está siendo crítica?

4. Algunas veces las imágenes instantáneas negativas parecen sucederse continuamente. Utilicen el punto de Acción para hablar juntos sobre por qué uno de ustedes se siente poco amado o poco respetado. Recuerden, ¡ustedes son individuos de buena voluntad que protagonizan una película de largo metraje!

Capítulo 20: Sexo y afecto: Una calle de dos sentidos

1. ¿Cuál es, en su opinión, la mejor manera de ver el sexo? ¿Como un «deber» o como algo en lo que se debe ser justo? ¿Cómo se puede ser más justo o razonable en las relaciones sexuales? ¿Qué quiere decir Emerson cuando dice que «el trato justo viene antes de los juegos previos al sexo»?
2. ¿Cómo responde a la propuesta de Emerson en cuanto a considerar el aspecto sexual de su relación como un cumplido de la importancia que usted tiene en la vida de su cónyuge? ¡Usted es la única persona que puede satisfacer esta necesidad de su cónyuge! ¿Alguna vez lo había considerado de esta manera?
3. Lea 1 Corintios 7.3–5, tomando nota del concepto de que el cuerpo de la esposa no le pertenece a ella sola ni el cuerpo del esposo le pertenece a él solo. ¿Qué luz arroja este pasaje sobre el significado de ser «una sola carne»? (Vea Efesios 5.31 y Mateo 19.6.)
4. Como lo señala el punto de Acción, el sexo puede ser un tema delicado. ¿Es el sexo un problema suficientemente grave en su matrimonio como para considerar acudir a un consejero creyente y sabio que haya ayudado a otras parejas a ajustarse en lo sexual? (Consulte el apéndice D en la página 289 para obtener algunos recursos de consejería.)

Capítulo 21: Mantenga su mirada en el Señor, no en el problema

1. ¿Están usted y su pareja enfrentando un problema tipo «Y ahora qué hacemos» en este momento? En caso afirmativo, ¿han hablado de ello ustedes dos? En una escala del 1 al 10, ¿hasta qué grado están enfrentando ese problema con los ojos vueltos hacia el Señor?

2. ¿Por qué los problemas pueden causar fricción y tensiones entre Rosa y Azul? ¿Qué pueden hacer para combinarse para que resulte Púrpura? ¿Cómo puede esto fortalecer su unión de pareja?

3. En 2 Crónicas capítulo 20 podemos ver cómo los israelitas enfrentaron a un ejército abrumador y no solo sobrevivieron, sino que salieron airosos. Pero las Escrituras registran que no siempre fue así. ¿Cómo debemos responder si intentamos mantener los ojos puestos en Dios, pero el problema sigue siendo demasiado grande o demasiado poderoso?

4. Utilicen el punto de Acción para evaluar los problemas que están enfrentando. ¿Cómo afectan estos problemas sus esfuerzos por tratarse con amor y respeto incondicionales? Si no tienen problemas en este momento, prepárense para lo que pudiera venir por medio de recordarse el uno al otro: «Porque no es vuestra la guerra, sino de Dios».

CAPÍTULO 22: NUESTRA PARTE «BUENA» PUEDE ESTAR DISPUESTA, PERO LA CARNE ES DÉBIL

1. Lean nuevamente los ejemplos dados por Emerson y Sarah en cuanto a iniciar el día proponiéndose amarse y respetarse el uno al otro, para luego arruinar las cosas. ¿Les suceden cosas similares a ustedes? Compartan cómo esto les hace sentir y por qué es importante seguir recordando que: *Mi pareja realmente me tiene buena voluntad.*

2. Cuando su cónyuge fracasa en los esfuerzos por cumplir sus buenas intenciones, ¿cuánto le ayuda escucharle decir: «Sabes que te tengo buena voluntad, verdad? Perdóname, por favor. Me equivoqué otra vez». ¿Qué otra cosa preferiría que le dijera?

3. ¿Cuál fue la respuesta de Pablo a su dilema de «la carne es débil» que menciona en Romanos 7.15–20? (Vean Romanos 8.1–6.) ¿Qué cosa nunca deben olvidar los seguidores de Cristo si desean que el Espíritu les controle? (Vean en especial los versículos 1–2.)

4. El camino al Ciclo Loco puede estar repleto de buenas intenciones. Utilice el punto de Acción para discutir las mejores maneras en las que pueden ayudarse el uno al otro cumplir las buenas intenciones y mostrar buena voluntad. ¿Qué prácticas visibles pueden los dos llevar a cabo para recordarse el uno al otro: *Tengo buena voluntad y mi esposo/a también la tiene?*

Capítulo 23: Disculpa, pero creo que estás pisando mi manguera de oxígeno

1. En la página 89 de *Amor y Respeto*, Emerson sugiere las siguientes frases «preparadas» para indicarle a su cónyuge que se siente ofendido o herido:

   «Eso me pareció desamoroso. ¿Te resultó irrespetuosa mi actitud?»

   «Eso me pareció irrespetuoso. ¿Te resultó desamorada mi actitud?»

   A algunos cónyuges les parece que esas frases se sienten incómodas. ¿Por qué creen que es así? ¿Sería menos polémico decir: «Disculpa, pero creo que estás pisando mi manguera de oxígeno»? ¿Por qué sí o por qué no?

2. Recuerden que el cuadro verbal de la manguera de oxígeno funciona en dos situaciones: si desea comunicarle a su cónyuge que se siente ofendido, o si desea determinar si *usted* fue causante de una ofensa. En Eclesiastés 10.12, Salomón observó: «Las palabras de la boca del sabio son llenas de gracia, mas los labios del necio causan su propia ruina». Sin duda que ninguno de nosotros desea tener labios de necio. ¿Cómo puede el cuadro verbal de la manguera de oxígeno ser un medio sabio de comunicación si vemos que a nuestro cónyuge se le ha «desinflado» el espíritu? («Oye, me parece que he pisado tu manguera de oxígeno. Si es así, lo lamento de verdad. Dime lo que piensas».)

3. ¿Han empleado alguna vez la metáfora de la manguera de oxígeno para aliviar la tensión? ¿Por qué sí o por qué no? ¿Existe una mejor manera de romper el hielo y comunicarle al cónyuge que usted se siente ofendido/a o herido/a? Si no la han utilizado, ¿están dispuestos a intentarlo?

4. Utilice el punto de Acción y discuta por qué decir cosas como: «Ese es tu problema» son palabras de necio, mientras que reconocer: «Este es nuestro problema» es una forma sabia de no pisar la manguera de oxígeno del otro. ¿Cuál de las siguientes es la mejor manera de comunicar: «Este es nuestro problema»?

_____ «Este es nuestro problema porque somos un equipo de buena voluntad y siempre trabajamos juntos».

_____ «Este es nuestro problema; por lo tanto, quiero saber qué cosas he hecho que pudieran haber ayudado a causarlo».

_____ «Este es nuestro problema así es que resolvámoslo juntos».

Capítulo 24: Es difícil ser negativo cuando se está siendo agradecido

1. En una escala de 1 a 10 (10 corresponde a «extremadamente»), ¿qué tan agradecidos son ustedes el uno por el otro? ¿Con qué frecuencia lo expresan mutuamente? ¿Existe algún límite que 1 Tesalonicenses 5.18 les imponga a ser agradecidos?

2. Cuando David, el hijo de Sarah, se lesionó una pierna, ella recibió fortaleza y ayuda por medio de ofrecer un sacrificio de alabanza (Salmo 50.23). ¿Suena esto como algo que desearían intentar? ¿Cuándo sería difícil hacer algo como esto?

3. ¿Está de acuerdo con la idea de que es difícil ser negativo si somos agradecidos en todas las circunstancias? ¿Y qué si las circunstancias no cambian?

4. Si la acción de gracias no ha sido una parte importante en su tiempo de oración, utilicen el punto de Acción e inicien la práctica de ofrecer un sacrificio de acción de gracias y de alabanza, no necesariamente *por* las circunstancias, pero sí *en* las circunstancias. ¡Cristo Jesús conoce todas sus circunstancias y Él tiene cuidado de ustedes!

Capítulo 25: No crea todo lo que dice su cónyuge (especialmente si hay enojo)

1. ¿Se dicen de vez en cuando cosas uno al otro que realmente no querían decir? ¿Cuándo ocurre esto usualmente y por qué?

2. ¿Cuánto tiene que ver el lenguaje corporal (expresión del rostro, tono de voz) con decir algo que realmente no se quería decir?

3. Considerando el asunto de descifrar desde la otra parte, ¿es realmente justo que su cónyuge siempre le diga: «No seas tan ingenuo/a. Sabes que no hablaba en serio»? ¿Acaso uno de los cónyuges siempre debiera tener que descifrar al otro? ¿Dónde se encuentra el equilibrio entre las responsabilidades? ¿Qué papel pueden desempeñar el amor y el respeto para ayudarles a los dos a hallar este equilibrio?

4. Utilicen el punto de Acción para conversar sobre lo que significa descifrar y lo que significa enviarse mensajes que el otro puede recibir con confianza.

CAPÍTULO 26: PERDÓN, PARTE I: PARA EL AMOR Y RESPETO SE NECESITAN DOS BUENOS PERDONADORES

1. ¿Por qué la afirmación que hace Ruth Graham en cuanto a que para un buen matrimonio se requieren dos buenos perdonadores se aplica de modo especial para detener el Ciclo Loco? ¿Dónde está el perdón cuando ustedes dos están en el Ciclo Loco, o a punto de entrar a él?
2. Sabemos que las Escrituras nos enseñan a perdonar y a dar espacio para las fallas de cada uno (Colosenses 3.13), pero podemos darnos buenas razones para no perdonar (al menos no en este momento). ¿Cuál de las siguientes suena como algo que diría usted?

    _____ «¡No merezco que me traten así! ¡Esto no es justo!»
    _____ «No puedo dejar que se salga con la suya en esto. ¡Habrá que aplicar justicia!»
    _____ «Tengo derecho a sentirme así. Jesús comprende por lo que estoy pasando»
    _____ Otra: _____

    ¿Por qué ninguna de las excusas anteriores tiene validez para Jesús? (Vea Mateo 6.15.)
3. ¿Qué tan frecuentemente hemos de perdonarnos unos a otros? ¿No hay algún tipo de norma al respecto? (Vea Mateo 18.21.)
4. Muchos de nosotros batallamos contra la tendencia a tomar la ofensiva con mucha rapidez. Utilice el punto de Acción para hablar sobre la práctica del «perdón rápido» en lugar de ello.

Capítulo 27: Perdón, parte II: ¿Tiene perdón? Que Jesús sea su ejemplo

1. Mientras considera seguir los pasos de Jesús para ser más perdonador, ¿cuál de las cosas siguientes le resulta más difícil y por qué?

   - Simpatizar con mi cónyuge (para tratar de comprender su comportamiento)
   - Entregar la ofensa a Dios (soltarla)

   Hablen juntos sobre estas formas de seguir a Jesús. Entre más hablen, ¡más fácil será perdonar!

2. ¿Cómo puede ayudarle recordar el principio de la buena voluntad?

3. ¿Por qué es importante dejar que Jesús sea su ejemplo? Además, ¿conduce el perdón siempre a besarse y a reconciliarse?

4. El perdón puede ser un asunto delicado. Vea el punto de Acción y utilice ideas que puedan aplicarse a la situación del momento.

Capítulo 28: No importa lo que sienta, confíe en las Escrituras más que en sus sentimientos

1. ¿Por qué para muchas personas los sentimientos son más importantes que lo que está escrito en la fuente de autoridad, la Biblia?
2. ¿Qué validez tiene el argumento de que uno debe seguir los sentimientos porque los sentimientos son reales? ¿Acaso los cristianos son autómatas que deben negar sus sentimientos para poder obedecer a Dios?
3. Los niños también tienen sentimientos reales. ¿Qué dice 1 Corintios 13.11 en cuanto a tratar con «lo que era de niño»?
4. ¿Qué importancia tienen las Escrituras para madurar en Cristo? ¿Qué significan para ustedes las Escrituras siguientes?

- 2 Timoteo 3.16: «Toda la Escritura es inspirada por Dios, y útil para enseñar, para redargüir, para corregir, para instruir en justicia».
- 1 Tesalonicenses 2.13: «Por lo cual también nosotros sin cesar damos gracias a Dios, de que cuando recibisteis la palabra de Dios que oísteis de nosotros, la recibisteis no como palabra de hombres, sino según es en verdad, la palabra de Dios, la cual actúa en vosotros los creyentes».
- Mateo 4.4: «El respondió y dijo: Escrito está: No sólo de pan vivirá el hombre, sino de toda palabra que sale de la boca de Dios».

Hablen en cuanto a lo difícil que sería practicar Amor y Respeto sin ver las Escrituras como la Palabra de Verdad con autoridad absoluta de parte de Dios.

CAPÍTULO 29: RECUERDE, DIOS DISEÑÓ A SU CÓNYUGE. ¡SEA PACIENTE!

1. ¿Alguna vez han pensado en cómo Dios los diseñó el uno para el otro? ¿Qué fue lo que les atrajo? ¿Pueden ver cómo se complementan el uno al otro partiendo de puntos diferentes?
2. Ningún matrimonio o cónyuge es perfecto. ¿Pueden hablar juntos de modo calmado sobre lo que enfada o irrita al otro? ¿Qué debiera hacer el causante del enfado? ¿Qué debe hacer el que ha enfadado? ¿Dónde y cómo entran en juego el amor y el respeto?
3. El apóstol Pablo dice que la paciencia incluye humildad, gentileza, tolerancia y amor (Efesios 4.2). ¿Cuál es el más importante de ellos? ¿O depende de la situación?
4. Utilicen el punto de acción para conversar sobre lo que significa ser pacientes el uno con el otro en situaciones diferentes y momentos diferentes del día. Si tienen hijos, hablen acerca de cómo se pueden agotar la paciencia el uno del otro y cómo pueden apoyarse en sus diferentes papeles de padres de familia.

Capítulo 30: Impacte a los demás con amor y respeto

1. Si no han dedicado tiempo a discutir la pregunta que abre este devocional, háganlo ahora. ¿Qué impacto ha tenido Amor y Respeto sobre su matrimonio? ¿Están listos para compartir lo que han aprendido con otras parejas?
2. Emerson señala que conoce a muchas parejas que han sacado más provecho de Amor y Respeto por medio de organizar un grupo que solo por poner en práctica el Amor y el Respeto. ¿Por qué piensa que esto es cierto para algunas parejas? ¿Podría ser cierto para ustedes?
3. En 1 Corintios 12.6 el apóstol Pablo habla acerca de cómo Dios obra de formas diferentes en su Cuerpo. La Conexión Amor y Respeto ha tenido impacto sobre muchas iglesias y ha ayudado a parejas a desarrollar relaciones duraderas en la medida que trabajan juntos en sus matrimonios. ¿Podría esto ser algo que Dios quiere hacer en su iglesia?
4. Para utilizar el punto de Acción, visiten http://loveandrespect. com/store para pedir recursos. Hablen sobre los artículos que les serían más beneficiosos para evaluar cómo empezar un grupo de Amor y Respeto.

Capítulo 31: Sumisión mutua, sexo y los martes por la noche

1. Discutan el segundo párrafo de Emerson, en donde define la sumisión mutua. Según Emerson, «la sumisión mutua tiene menos que ver con las decisiones específicas y más que ver con la actitud... por medio de practicar el amor y respeto, la sumisión mutua es posible». ¿Están de acuerdo o en desacuerdo? Compartan sus ideas.

2. ¿Están de acuerdo o en desacuerdo que la autoridad mutua en cuanto al sexo puede conducir a sumisión mutua? ¿En qué sentido?

3. Muchas parejas han dicho a Emerson que literalmente desarrollan un calendario para tener relaciones sexuales cierto número de días a la semana, además de programar tiempo para orar y hablar juntos. La idea es que lo que funciona para él puede funcionar para ella. ¿Cuáles son las ventajas y las desventajas de este tipo de plan? ¿Acaso podría eliminar la incertidumbre de sus relaciones sexuales y emocionales en la medida en que ustedes se someten mutuamente a las necesidades el uno de la otra?

CAPÍTULO 32: EL ENOJO PUEDE SER PELIGROSO... MANÉJELO CON CUIDADO

1. Emerson escribe en el segundo párrafo: «Creo que no existe emoción más peligrosa que un matrimonio tenga que enfrentar que el enojo». ¿Están ustedes de acuerdo con esto? ¿Qué otras emociones les son difíciles de enfrentar?
2. Cuando la tensión matrimonial aumenta y la frustración se empieza a convertir en enojo, ¿por qué caer en «modo predeterminado» es una posibilidad muy real? ¿Qué tanto tiene que ver justificarse a uno mismo con caer en modo predeterminado? ¿Qué dice Santiago 1.20 sobre justificar palabras o comportamiento de enojo?
3. ¿Qué piensan ustedes de la idea que Emerson sugiere de repetir Proverbios 14.29 tres veces como método para controlar sentimientos de enojo? ¿Funcionaría esto para ustedes? ¿Están dispuestos a intentarlo?

Capítulo 33: Todas las cosas ayudan a bien... Tarde o temprano

1. ¿Qué le parece la historia del lente de contacto? ¿Fue tan solo una coincidencia que Emerson solo necesitara un lente nuevo, y que el antiguo que todavía tenía era perfecto para uno de sus ojos? ¿Qué habría pasado si hubiera tenido que comprar dos lentes nuevos? ¿Habría Romanos 8.28 dejado de ser cierto en esa situación?

2. Sarah y Emerson se alegraron al recibir la noticia de que él solo necesitaba un lente nuevo y vieron esto como un ejemplo de cómo Dios hace que todas las cosas ayuden a bien a los que le aman, aun en las cosas triviales. Cuando se confía en Dios, ¿cuál es la diferencia entre las cosas triviales y las cosas importantes?

3. Emerson concluye diciendo: «El hace que todas las cosas ayuden a bien... tarde o temprano». ¿Está de acuerdo? ¿Cuánto tiempo deberá pasar para que eso suceda? ¿Sería justo decir que Dios puede hacer que las cosas ayuden a bien ahora aquí en la tierra, o después en el cielo? ¿Qué hay de los creyentes que se describen en Hebreos 11.13?

4. Utilicen el punto de Acción para hablar acerca de la mejor manera de responder cuando suceden cosas malas. ¿Qué papel desempeña la oración en su matrimonio? ¿Debiera ocupar un lugar más importante? (Repasen el capítulo 13: «Los que oran unidos aprenden a amarse y a respetarse unidos».)

CAPÍTULO 34: ¿BUSCA USTED COMPRENDER O SOLO DESEA SER COMPRENDIDO?

1. Un obstáculo grande que impide alcanzar una comprensión mutua y mejores comunicaciones es que somos Rosa y Azul. Un esposo lo dijo secamente: «Pues yo soy Azul y tú eres Rosa, así que olvídalo, no se supone que te comprenda». Muchos esposos podrían estar de acuerdo con él. ¿Cómo respondió la esposa de este hombre? ¿Fue ella respetuosa?

2. Emerson afirma que es más importante comprender a su cónyuge que ser comprendido. ¿Qué tiene que ver esto con Amor y Respeto?

3. Cuando intenta comprender a su cónyuge, ¿por qué Santiago 1.19 es buen consejo? ¿Cuál de las cualidades que menciona este versículo es la más importante para usted? ¿Ser pronto para oír? ¿Ser tardo para hablar? ¿Ser tardo para airarse? Para obtener otros consejos sabios, compare Proverbios 18.13: «Al que responde palabra antes de oír, le es fatuidad y oprobio».

4. Analicen la idea de «tratar de comprender» que se menciona en el punto de Acción. La frase: «Lo que te oigo decir es... ¿Estoy en lo cierto?» es una frase familiar que se sugiere con frecuencia en seminarios de comunicaciones. ¿Podría funcionar para usted y su cónyuge? ¿Ayudaría ponerla en el contexto de Amor y Respeto?

CAPÍTULO 35: *SÍ* SE TRATA DE MÍ, DESPUÉS DE TODO

1. ¿Alguna vez ha pensado sobre lo que significa vivir en una cultura posmoderna? Los posmodernistas afirman que no existe la verdad absoluta, que la «verdad» de un individuo es tan buena y válida como la verdad de otro. ¿Cómo puede este tipo de actitud perjudicar su matrimonio? ¿Cómo puede evitar que eso suceda?

2. Un investigador intentó evaluar lo que era un matrimonio «feliz» por medio de preguntar:

   - ¿Qué tanto proporciona su pareja una fuente de experiencias emocionantes?
   - ¿Cuánto impacto ha tenido en usted conocer a su pareja para convertirle en una mejor persona?

   ¿Por qué estas preguntas son una trampa para los cristianos?

3. ¿Es siempre incorrecto o peligroso preguntar: qué me ofrece esto a mí? ¿Cuál es la pregunta que debe hacerse primero?

4. Utilicen el punto de Acción y hablen acerca de la eficacia que pudiera tener recordar las palabras en sus notas de recordatorio: «Se trata de mí, después de todo». ¿En qué sentido esto siempre es cierto?

CAPÍTULO 36: ¿QUIÉN DA EL PRIMER PASO EN SU MATRIMONIO?

1. ¿Cuál es la fuerza que da creer que el cónyuge más maduro es el que dará el primer paso para ponerle fin a un impasse? ¿Cuál es una posible debilidad y fuente de fricción?

2. Según Emerson, «Los pasos maduros dados por cónyuges de buena voluntad influyen positivamente sobre el matrimonio para enfocarlo en el sentido de Dios». ¿Es para ustedes esta afirmación verdadera o falsa? (Esto podría sonar como algo que no hay ni que pensarlo, ¿pero por qué no pensarlo? ¿Cómo ayuda Hebreos 5.14 a explicarlo?)

3. El cónyuge maduro debe dar el primer paso, ¿pero cómo se ve eso? Emerson cita varios ejemplos. ¿Pueden ustedes pensar en lo que típicamente harían para dar el primer paso?

4. ¿Creen ustedes que los dos pueden (o deben) tomar turnos en dar el primer paso? Utilicen el punto de Acción para hablar acerca de cómo se siente cuando uno de ustedes da el primer paso. ¿Es éste el momento de expresar su gratitud con amor y respeto?

CAPÍTULO 37: PARA VENCER EL PASADO, ENFÓQUESE EN LA RECOMPENSA

1. Un entrenador de la NFL dice que su manera de enfrentar la adversidad es «mantener la mira en el premio». ¿Es esta una estrategia igualmente buena para ustedes en su matrimonio? ¿Pueden usted y su pareja verse a sí mismos como un equipo con victorias y derrotas? ¿En qué sentido? ¿Contra qué o quién están compitiendo?

2. En Filipenses 3.13–14, Pablo compara la vida cristiana a una carrera o competencia. ¿Dice que hay que terminar primero para recibir el premio? ¿Qué es lo que está diciendo? ¿Cómo se aplica esto a su matrimonio?

3. Emerson dice que debido a su fe en Cristo, usted y su pareja son amados, ganen o pierdan, y pase lo que pase nunca se verán a sí mismos como perdedores cuando fracasen en el amor o respeto y el Ciclo Loco se active. ¿Cuál es la instrucción que da Pablo en Filipenses 3.13 en cuanto a enfrentar el pasado?

4. ¿Cuál es la frase o afirmación más alentadora en este devocional para usted o su matrimonio?

   _____ El matrimonio es una maratón, no una carrera corta.
   _____ Mantenga siempre la mira en el premio.
   _____ En Cristo usted es amado, sea que gane, pierda o empate.
   _____ Nunca se vea a sí mismo como un perdedor.

5. El punto de Acción sugiere que acuerden enfrentar los reveses por medio de decir: «Olvidemos la derrota de ayer. Enfoquémonos en las oportunidades de hoy, debido al premio de mañana». ¿Cómo puede convertir esto en un lema continuo, tal vez en una especie de código, que los dos pueden usar para alentarse el uno al otro?

CAPÍTULO 38: ¿ES MI RESPUESTA *SIEMPRE* MI RESPONSABILIDAD?

1. Según Emerson, cuando su pareja le provoca por medio de hacer algo desamoroso o irrespetuoso, si usted responde de modo similar, esto no es la *causa* de su forma de ser, sino que *revela* su forma de ser. ¿Está usted de acuerdo o en desacuerdo?

2. ¿Está diciendo Emerson que usted tiene que ser perfecto y jamás sentirse provocado? ¿Qué debe hacer cuando se siente como aquella esposa que algunas veces solo quería «hacerle desaparecer»?

3. No importa lo que diga o haga su pareja, usted toma la decisión de responder con amor o respeto, o de responder sin ello. Como seguidor de Cristo, ¿tiene que tomar esa decisión solo? (Vea Juan 8.31–32, 36.)

4. Discutan el punto de Acción. Si colocan recordatorios que digan: «Mi respuesta es mi responsabilidad», ¿sería esto algo que le ayudaría definitivamente? ¿Por qué no intentarlo por una semana más o menos y luego comparar sus impresiones? ¿Debiera convertir este recordatorio en un aviso o placa permanente para exhibirla en un lugar prominente de su hogar?

Capítulo 39: ¡Mire! ¡Justo sobre el hombro de su cónyuge! ¡Es Jesús!

1. ¿Alguna vez ha pensado acerca del principio: «Lo que hago para mi cónyuge, también lo hago para Cristo»? (Vea Mateo 25.40.) ¿Le parece esto algo alentador o algo intimidante? Comparta sus ideas y preocupaciones con su cónyuge.

2. ¿Qué efecto tiene sobre usted imaginar que puede ver a Cristo justo por encima del hombro de su cónyuge? ¿Qué clase de mirada tendría Jesús en su rostro mientras le escucha a usted hablar?

_____ Desaprobación severa
_____ Desagrado leve
_____ Sorpresa intrigante
_____ Aprobación sonriente

Usted podría señalar: «Mi forma de actuar depende de lo que estaba diciendo» (¡Bingo! Usted lo capta.) Conversen sobre el poder de esta imagen verbal.

3. Pero supóngase que las imágenes verbales no le atraen y que usted tiende a olvidar que Cristo está escuchando justo por encima del hombro de su cónyuge. ¿Cuáles de los recordatorios siguientes podría funcionar si se lo coloca en un espejo o en la pantalla de su computadora?

_____ ¿Amo (o respeto) a mi pareja como a Jesucristo?
_____ ¡Mire! ¡Justo sobre el hombro de (nombre de su cónyuge)! ¡Es Jesúcristo!
_____ Cuando lo hago por mi esposa, lo hago por Jesucristo..

Su meta no es tratar de hacer que Jesús sonría por sus tretas. Usted busca recordar algo importante. Conversen sobre la verdad que da este devocional. ¿Qué está tratando de decirle el Señor a cada uno de ustedes? ¿A los dos?

4. Emerson concluye este devocional con una referencia al poder del Ciclo Gratificante. ¿Por qué el Ciclo Gratificante es el corazón y alma de la Conexión Amor y Respeto? ¿Pueden repetir el axioma del Ciclo Gratificante?

El amor de él bendice, sin depender del _____
de ella.
El respeto de ella bendice, sin depender del _____
de él.

5. ¿Qué tan importante es para el Ciclo Gratificante amarse y respetarse *incondicionalmente*? ¿Hay alguna cosa que pudiera causar que seamos desamorosos o irrespetuosos? ¿Puede alguna persona obligarnos a manifestar una actitud de habilidad y desprecio, o siempre tenemos facultad para decidir nosotros?

CAPÍTULO 40: SI TAN SOLO NO TUVIÉRAMOS PROBLEMAS DE DINERO

1. Muchos expertos sobre el matrimonio indican que el mal manejo del dinero es la fuente principal de la discordia en el matrimonio, pero Emerson dice que la raíz principal es otra. El dinero es un asunto serio, pero ¿cuál es siempre el Verdadero Problema que la falta de dinero saca a relucir?
2. ¿Están de acuerdo en que las peleas sobre el dinero no solo revelan lo que hay en nuestros corazones sino cuán inmaduros somos? ¿Alguna vez lo había pensado de esa manera?
3. Filipenses 4.19 promete que Dios suplirá nuestras necesidades. ¿Cuál es la diferencia entre necesidades y deseos? ¿Por qué las parejas tienen problemas con esto? ¿Quién está a cargo del dinero en su matrimonio? ¿Trabajan juntos en la preparación del presupuesto en algún momento?
4. Utilicen el punto de Acción y trabajen juntos para distinguir sus necesidades de sus deseos. Consideren esto como una oportunidad maravillosa para trabajar como equipo, para crecer juntos como una pareja de Amor y Respeto. Si tienen complicaciones serias debido a gastos excesivos, gastos de emergencia o la pérdida de un empleo, tal vez necesiten la ayuda de un consejero financiero. (Consulten el apéndice D en la página 289 para recursos de consejería.)

Capítulo 41: Su cónyuge tiene necesidades que solo usted puede satisfacer

1. En una escala del 1 al 10, ¿cuánto pone usted por encima de las propias las necesidades de su cónyuge? ¿Cuáles son sus medidas de evaluación? Comparen sus resultados el uno con el otro. ¿Cómo les va a cada uno de ustedes en esta área?

2. ¿Qué involucra poner las necesidades de su cónyuge por encima de las propias? Al leer los ejemplos de lo que Sarah hace por Emerson y viceversa, ¿quién parece estar haciendo el sacrificio más grande? ¿Es posible medir algo como esto con precisión? ¿Qué papel desempeña el tiempo personal? ¿Qué es más importante: ofrecer apoyo físico o pasar tiempo con su cónyuge? ¿Usualmente van juntas estas cosas?

3. Según Pablo, ¿cuál debería ser su motivación verdadera por intentar satisfacer las necesidades del otro, poniéndolas por encima de las propias? (Vea el versículo clave.) Conversen sobre imitar a Jesús mientras buscan satisfacer las necesidades uno del otro, y acerca de permitir que Él renueve y edifique sus pensamientos y actitudes. (Vea Efesios 4.23.)

4. Conversen sobre el punto de Acción, de responder diciendo: «Gracias por el cumplido» a las peticiones y necesidades del otro. ¿Por qué es un cumplido que me pidan que saque la basura o que planche una camisa?

CAPÍTULO 42: ¿PERO ACASO SE SUPONE QUE SU CÓNYUGE TIENE QUE SATISFACER *TODAS* SUS NECESIDADES?

1. Es imposible que su cónyuge satisfaga *todas* sus necesidades. ¿Le decepciona esto? ¿Le da alivio? ¿Pensó usted cuando se casó *ahora todas mis necesidades quedarán satisfechas*? ¿Si no pensó eso, qué pensó?

2. ¿Cómo le ayuda la relación 80:20 a explicar por qué no es posible que un cónyuge satisfaga todas las necesidades de su pareja?

3. Emerson observa que se «requiere una madurez suficiente para reconocer que las dificultades y las decepciones no son la excepción; frecuentemente son la regla... Momentos como este pueden ser señales que le indican que los dos deben darse cuenta de que su contentamiento y paz más profundos se hallan en Cristo, y no en su cónyuge». ¿Están de acuerdo? Conversen sobre esto y también consideren las buenas noticias que tenemos en Hebreos 4.16 y 2 Corintios 12.9–10.

4. Utilicen el punto de acción para hablar acerca de la diferencia entre necesitarse el uno al otro y depender en última instancia del Señor. ¿Cómo puede la práctica de Amor y Respeto ayudarles a distinguir entre estas dos cosas?

CAPÍTULO 43: SUS HIJOS ESTÁN OBSERVANDO

1. Ningún seguidor de Cristo sincero estaría de acuerdo con Guillermito, quien supuestamente definió la fe como «creen algo que uno sabe que no es verdad». Una «contradefinición» podría ser que la fe es creer algo que uno espera que sea verdad. ¿Cómo definen ustedes la fe? ¿Qué pasajes de las Escrituras le vienen a la mente?

2. ¿Están de acuerdo que usted y su cónyuge desempeñan el papel más vital para transmitir la fe a sus hijos? ¿Por qué? ¿Qué hay de los pastores y maestros de Escuela Dominical? ¿Qué tienen Mamá y Papá que ellos no tienen?

3. ¿Cuáles son algunas buenas maneras de vivir con sus hijos según lo que dice Deuteronomio 11.18–19? De la lista siguiente, escoja las que correspondan y también escriba sus propias ideas.

_____ Oren abiertamente delante de ellos en momentos diferentes sobre asuntos de la familia.

_____ Utilice momentos de enseñanza para hablar acerca de las verdades espirituales que esté aprendiendo.

_____ Sean abiertamente amorosos y afectuosos el uno con el otro.

_____ Siempre sean abiertamente amorosos y afectuosos con sus hijos, asegurándoles de su amor y del amor de Dios.

_____ Otros: _____

4. Elijan cualquiera de las preguntas siguientes dadas en el capítulo 43 y conversen sobre su responsabilidad de comunicar su fe a sus hijos.

_____ ¿Nos ven nuestros hijos enfrentar problemas con paz y contentamiento o con enojo y afán?

_____ ¿Hay en nuestro matrimonio verdadero amor y respeto? ¿Pueden verlo nuestros hijos?

_____ ¿Nos ven nuestros hijos como genuinos cuando se trata de seguir a Jesús?

CAPÍTULO 44: ¡NO ESTOY ACTUANDO A LA DEFENSIVA!

1. ¿Por qué a veces resulta fácil ofendernos sin siquiera intentarlo? Al corregirnos, pedir que hagamos algún tipo de cambio son causas típicas de las acciones defensivas. ¿Es entonces mejor no decir nada? ¿Qué es mejor?

2. ¿Cuánto problema tiene usted con «ponerse a la defensiva»? ¿Y su cónyuge? ¿Qué tiene que ver el sentirse desamado o irrespetado con ponerse a la defensiva?

3. Proverbios 18.19 nos advierte que es más difícil reconciliarse con un hermano ofendido (posiblemente su pareja) que capturar una ciudad fuerte. ¿Qué nos dice este comentario sobre la naturaleza humana y sobre la importancia de siempre tratar de ser amoroso y respetuoso? ¿O acerca de ser humilde y perdonador?

4. Utilicen el punto de Acción para conversar sobre la línea tenue que existe entre actuar a la defensiva y luego tomar la ofensiva, y entrar al Ciclo Loco. Si se siente ofendido, ¿cuál es su mejor movida?

CAPÍTULO 45: ¿QUÉ TAN POSITIVOS SON EL UNO CON EL OTRO?

1. Como se pregunta en el devocional, en una escala de 1 a 10, ¿qué tan positivo es usted con su pareja? ¿Aumenta este número cuando usted la mira a través de los ojos de Dios?

2. Lean lentamente Filipenses 4.8. ¿Cuál es la clave para pensar todos estos pensamientos positivos? (Vea Filipenses 4.6–7.) ¿Pueden depender tan solo de ustedes mismos para controlar sus pensamientos?

3. ¿Están de acuerdo que para enfocarse en lo positivo se requiere disciplina? ¿Por qué es esto más fácil para unos que para otros? Si su tendencia natural es ver el vaso medio vacío, ¿qué puede hacer?

4. Utilicen el punto de Acción para conversar sobre lo que ven el uno en el otro que es excelente y digno de alabanza. ¿Dice Filipenses 4.8 que hemos de ignorar las cosas negativas que es necesario enfrentar? ¿Cuál es la mejor manera de enfrentar los aspectos negativos? Esta podría ser una buena oportunidad para repasar el capítulo 19, «Olvide las imágenes negativas, disfrute la película positiva».

CAPÍTULO 46: ¿HA JUGADO EL JUEGO DE CULPAR AL OTRO?

1. El juego de culpar al otro es tan antiguo como Adán y Eva. ¿Por qué es tan difícil aceptar la culpa, especialmente cuando uno «sencillamente sabe» que no fue su propia culpa?

2. Sabemos que nuestra respuesta es nuestra responsabilidad, pero aun así queremos echarle la culpa a otro. ¿Es posible que sintamos recelo de asumir *toda* la culpa? Después de todo, ¿no hay dos lados en todo asunto?

3. Desde que Dios puso a Adán y Eva en el huerto ha sido culpado de muchas cosas. De hecho, ¿cómo fue que Adán culpó a Dios por su pecado? (Vea Génesis 3.12.) Emerson admite: «Yo puedo parecerme mucho a Adán algunas veces». ¿Se identifica usted con esto? ¿En qué situaciones siente la tentación de usar el mismo tipo de excusa pobre que usó Adán?

4. La golfista profesional Barb Whitehead admite que cuando ella hacía un mal tiro o fallaba un golpe no tenía a nadie a quien culpar sino a sí misma. Ella compara el golf con su matrimonio, diciendo: «Al final de cuentas tengo que responder al Señor sobre lo que hice con el hombre que Dios me dio». Y añade que esto no es fuente de presión; en lugar de ello, es liberador porque ella siempre tiene la facultad de decidir. Conversen sobre el enfoque de Barb hacia su matrimonio y por qué poner en práctica Amor y Respeto puede ayudar a darle fin al juego de culpar al otro.

CAPÍTULO 47: EL PENSAMIENTO DE GRUPO PUEDE SER TÓXICO PARA SU MATRIMONIO

1. ¿Alguna vez se topa con el pensamiento de grupo en el trabajo, en un campo de golf o cancha de tenis, o aún en la casa del tío Gonzalo? ¿Cuáles son las características del pensamiento de grupo? ¿Por qué esto es contrario a Amor y Respeto?

2. ¿Cómo es que el principio de que Rosa y Azul no están equivocados, sino que solo son diferentes es contrario a los estereotipos del pensamiento de grupo? Puesto que Dios nos hizo claramente varón y hembra, ¿no le parece que es poco sabio burlarse de la obra de sus manos?

3. Según este devocional, ¿cuál es la diferencia entre el pensamiento de grupo y el pensamiento divino? Intenten escribir definiciones diferentes y luego comparen sus ideas.

Capítulo 48: ¿Sabe pelear limpio?

En lugar de las acostumbradas preguntas para análisis, he aquí unas reglas para pelear limpio. ¿Cuál de las sugerencias siguientes pueden usted y su pareja usar para disentir de modo más acorde? Cada «regla» viene acompañada de una cita de un esposo o de una esposa que dan testimonio de qué hacer o no hacer para evitar el método mundano de pelea. (Vea 2 Corintios 10.3.)

_____ Recuerde que esta discusión (o pelea) solo es eso: un desacuerdo. («Tengo que recordar que un desacuerdo no es el fin del mundo. Estamos empezando a captar esto, de modo lento pero seguro».)

_____ Manténgase en el tema en cuestión, no se ponga «histórico». («No hablo acerca de los sentimientos de enojo recientes, sino que me remonto hasta el principio. Él puede hacer algo desamoroso y de inmediato pienso en todas las otras ocasiones similares, y eso confirma que "él realmente no me ama". Con eso preparo a mi esposo para el fracaso».)

_____ Mantenga las cosas en privado. No permita que la «radiación de las peleas» caiga sobre los hijos. («Hemos hecho daños a nuestros hijos por todos los años de peleas».)

_____ Recuérdense el uno al otro que ustedes son aliados, no enemigos; que tienen buena voluntad, no mala voluntad. («He dejado de apuntarle con mis armas y he apuntado al verdadero enemigo que busca destruir nuestro matrimonio. Ahora peleamos en el mismo equipo».)

_____ Discutan con una actitud tal que todos salgan ganando. («Expresamos nuestros sentimientos e ideas en una manera que conduzca a una especie de solución que funcione para los dos. Hallamos que cuando ponemos nuestras emociones negativas a un lado por un momento, surge una tercera alternativa que nos gusta a los dos».)

_____ Pida disculpas cuando esté equivocado. («Cuando mi pareja admite que hizo mal, la dejo salir de la discusión sin que se sienta humillada. Le permito conservar su dignidad».)

Capítulo 49: Sus palabras revelan su corazón

1. Vuelva a leer los ejemplos de cómo Emerson y Sarah pueden distraerse cuando intentan comunicarse. Si es cierto que las palabras revelan el corazón, ¿acaso no es igual de cierto que lo que no decimos debido a distracciones egoístas también revela lo que hay en nuestro corazón? ¿Es su distracción una condición permanente o es en realidad un mal hábito que puede romperse?

2. Santiago 3.2 es un versículo familiar. ¿Cuál de las siguientes es una buena manera para «controlar la lengua»? Escoja más de una y también añada sus propias ideas.

   _____ Prestar atención y escuchar detenidamente.

   _____ Morderse la lengua (ser tardo para hablar).

   _____ Buscar hablar de manera menos imperfecta.

   _____ Detenerse a orar y luego hablar.

   _____ Otras: _____

3. Emerson no cree que esforzarse por hablar de modo menos imperfecto sea ponerse una meta poco ambiciosa. ¿Están de acuerdo? ¿Por qué sí o por qué no?

4. Traten de efectuar el punto de Acción por varios días, y luego conversen sobre lo difícil (o sorprendentemente fácil) que ha sido enfocar su atención y medir sus palabras.

CAPÍTULO 50: POR QUÉ TODOS NECESITAMOS RESPETO

1. Emerson afirma que el amor puede hacer que el mundo dé vueltas, pero que no es suficiente para hacer que un matrimonio funcione. Según las investigaciones recopiladas en conferencias de Amor y Respeto, ¿qué otra cosa es necesaria, tanto para Rosa como para Azul? Una esposa afirmó lo siguiente: «Siento que recibo bastante amor de él, pero también necesito respeto y aprecio». ¿Es éste un sentimiento típico entre las esposas?
2. En 1 Pedro 3.1–7, el pasaje poderoso sobre la intimidad del matrimonio que Pedro escribe, el apóstol nada dice en cuanto al «amor», pero habla mucho del respeto. Emerson llega a esta conclusión: «Creo que Dios reveló a Pedro que el matrimonio es protegido, preservado, preciado y placentero cuando dos personas se respetan y se honran mutuamente». ¿Está diciendo que el matrimonio no debiera tener pasión ni romance? ¿Qué es lo que está diciendo?
3. Compartan sus impresiones en cuanto al último párrafo del devocional, en particular este pasaje: «Si un esposo ama a su esposa como debiera, ella se sentirá honrada y respetada. Si una esposa respeta a su marido como debiera, él se sentirá amado y apreciado. Todos ganan». La palabra si es pequeña, pero ¡tan importante! Hablen acerca de cómo pueden cambiar el sí a cuando, en relación con mostrarse amor y respeto el uno al otro.
4. Utilicen el punto de Acción para discutir el poder del respeto. ¿Cuál se necesita más: amor o respeto? ¿Es posible tener uno genuinamente sin tener el otro?

APÉNDICE A

CAPÍTULO 51: CONÉCTESE AL PODER DEL OPTIMISMO

1. ¿Qué tan optimistas son en cuanto a su matrimonio, a su compromiso de esposo y esposa de amarse y respetarse a la vez que glorifican a Cristo? ¿Cuál de estas frases los describe mejor?

   _____ Tenemos luchas pero nos sentimos esperanzados. Las cosas están mucho mejor; podemos ver algo de luz.
   _____ Estamos entusiasmados. ¡Amor y Respeto realmente funcionan!
   _____ ¡No podemos esperar a ver qué va a hacer Dios ahora!
   _____ Otra: _____

2. Este devocional cita dos versículos de las Escrituras: Filipenses 1.6 y Lamentaciones 3.21–23. ¿Cuál es la promesa del Señor que mejor se aplica a su matrimonio? Compartan ideas sobre cómo hacer que uno o los dos versículos formen parte prominente de su rutina diaria y semanal.

3. En Filipenses 1.3–6, Pablo agradece a los creyentes de Filipos por su colaboración con él en el evangelio desde el primer día hasta ahora. Además, él manifiesta confianza que Dios terminará la buena obra que ha comenzado en ellos hasta el retorno de Jesús. ¿Ha visto alguna vez su matrimonio como una colaboración con el Señor en el evangelio? ¿Es, compartir el evangelio, parte importante de su matrimonio? ¿Cómo podría convertirse en algo más importante en la medida que ustedes sirven al Señor como equipo?

4. Emerson menciona tres pistas sobre el significado de ser optimistas:

   • Tener esperanza en Dios.
   • Ser agradecido.
   • Tener entusiasmo por lo que Dios está haciendo y hará.

¿Cuál de estas características describe mejor su optimismo? ¿Cuáles desearía experimentar más?

5. Algunas personas se apoyan en el pesimismo como medio de protegerse de una decepción por enfrentar expectativas no satisfechas. ¿Podría este tipo de pesimismo ser una especie de profecía que se cumple por sí sola? ¿Vale la pena arriesgarse a ser optimista?

CAPÍTULO 52: CUANDO YA TODO ESTÁ DICHO Y HECHO

1. Emerson cree que para el seguidor de Cristo, la idea de morir debiera incluir imágenes positivas y no tan solo negativas. Cita Filipenses 1.21, el versículo clave de este devocional final, y pregunta: ¿Qué quería decir Pablo cuando dijo: «Porque para mí el vivir es Cristo, y el morir es ganancia»? ¿Qué cree usted que quiso decir Pablo?

2. ¿Ha considerado alguna vez el significado del guión entre las fechas de nacimiento y defunción de una lápida? El guión representa lo que hemos hecho con nuestras vidas. ¿Qué efecto debería tener el amor y el respeto sobre su guión si usted espera escuchar que el Señor le diga: «Bien, mi buen siervo y fiel» (Mateo 25.21)? (Vea Mateo 25.14–21.)

3. Emerson escribe: «Cuando todo esté dicho y hecho, solo habrá una cosa que importe». ¿Cómo describe él esa «una cosa»? ¿Cómo vincula este último devocional con aquél que sirvió para abrir esta experiencia devocional para usted y para su pareja en el capítulo 1? El Señor no demanda perfección, ¿pero qué es lo que sí desea?

4. Utilicen el punto de Acción para reflexionar sobre lo que están edificando juntos en su matrimonio. ¿Cómo está cada uno de ustedes viviendo su «guión»?

LOS TRES CICLOS DE AMOR Y RESPETO

E l enfoque de Amor y Respeto hacia el matrimonio se basa en la conciencia de que toda pareja siempre está potencialmente en uno de tres ciclos: el Ciclo Loco, el Ciclo Energizante o el Ciclo Gratificante. Ninguno de estos ciclos representa una situación permanente ni estática. Hay parejas, no obstante, que parecen pasar mucho tiempo en el Ciclo Loco, el cual se resume de esta manera:

> Sin amor, ella reacciona sin respeto;
> sin respeto, él reacciona sin amor.

Claramente, el Ciclo Loco se pone en marcha y se alimenta a sí mismo. Cuando una esposa se siente desamada, tiende a reaccionar en maneras que asume una actitud de irrespeto hacia su esposo. Cuando un esposo se siente irrespetado, tiende a reaccionar en maneras que su esposa se siente desamorada. Y allí dan vueltas y vueltas sin parar, en el Ciclo Loco.

El secreto para edificar una relación feliz es reconocer cuando se está en el Ciclo Loco, cuando no se están comunicando, cuando experimentan cierto nivel de conflicto, sea leve o grave, o cuando la vida juntos sencillamente no va bien. El Ciclo Loco puede ser tenue cuando los dos tratan de mantenerlo oculto, o puede ser intenso, con palabras llenas de enojo, sarcasmo mordaz y cosas peores. El punto es que sea cual sea el nivel de intensidad de su Ciclo Loco, uno de ustedes y quizás los dos están haciendo cosas tontas que sencillamente vuelven loco al otro.

EFESIOS 5.33: LA RESPUESTA AL CICLO LOCO

Las Escrituras ofrecen en Efesios 5.33 la respuesta al Ciclo Loco. «Cada uno de vosotros ame también a su mujer como a sí mismo;

y la mujer respete a su marido». Este versículo es el resumen del tratado más grande sobre el matrimonio hallado en el Nuevo Testamento: Efesios 5.22–33. En el versículo 33 Pablo escribe que Dios manda (no sugiere) que los esposos *deben* amar a sus esposas y que las esposas *deben* respetar a sus maridos. Es más, su amor y respeto debe ser *incondicional*.

Una de las metas principales al escribir y dictar conferencias es ayudar a esposos y esposas a captar el significado verdadero de esa palabra: *incondicional*. Si la esposa es amable, resulta fácil para el esposo amarla; pero el mandamiento que Dios da de amar a la esposa no tiene nada que ver con que ella sea amable. Y si el esposo es respetable, resulta fácil para la esposa respetarlo; pero el mandamiento que Dios da de respetar al esposo no tiene nada que ver con que él sea respetable. El mensaje de Amor y Respeto no trata de que el esposo se gane el respeto de su esposa por medio de ser más amoroso, ni tampoco que la esposa se gane el amor del esposo por medio de ser respetuosa. El amor y el respeto siempre se dan *incondicionalmente*, según el mandamiento de Dios.

La conexión Amor y Respeto está deteniendo el Ciclo Loco en miles de matrimonios en todo el país y más allá. Si el esposo y la esposa pueden comprometerse a satisfacer la necesidad primordial el uno del otro: amor incondicional para ella y respeto incondicional para él, estarán dando un paso gigante para mantener el Ciclo Loco bajo control.

EL CICLO ENERGIZANTE MANTIENE AL CICLO LOCO ENCERRADO EN SU JAULA

Si bien hay maneras de reducir la marcha del Ciclo Loco o detenerlo (uno nunca logra bajarse del mismo por completo), siempre puede volver a arrancar y usualmente lo hace, aun en el caso de parejas felices y bien ajustadas. La forma de mantener el Ciclo Loco enjaulado es subirse al Ciclo Energizante, el cual se resume de la manera siguiente:

El amor de él motiva el respeto de ella.
El respeto de ella motiva el amor de él.

Las parejas se encuentran en el Ciclo Energizante cuando practican los principios de Amor y Respeto.

P-A-R-E-J-A: Seis formas de deletrearle el amor a su esposa
Para mostrar amor, los esposos viven los principios con base bíblica que se resumen con el acrónimo P-A-R-E-J-A.*

P: Cercanía. Ella quiere que usted esté cerca —frente a frente— y no tan solo cuando desea sexo.
A: Apertura. Ella quiere que usted se acerque, que le hable y no que esté cerrado, enojado o desinteresado.
R: Comprensión. No trate de «repararla»; solo escuche y sea considerado cuando ella está molesta.
E: Reconciliación. Hay un poder increíble en las palabras: «Cariño, lo lamento».

---

* Acrónimo intraducible. En inglés: C-O-U-P-L-E, formado por Closeness (Intimidad); Openness (Apertura); Understanding (Comprensión); Peacemaking (Reconciliación); Loyalty (Lealtad); Esteem (Estima).

J: Lealtad. Asegúrele siempre su amor y su compromiso para con ella.

A: Estima. Honre a su esposa; ámela y atesórela siempre.

Si el esposo aplica tan solo un concepto de P-A-R-E-J-A cada día, dará pasos agigantados hacia la meta de hacer que su esposa se sienta amada incondicionalmente.

S-I-L-L-A-S: Seis formas para deletrearle respeto a su esposo
Para mostrar su respeto, las esposas viven los principios
que se resumen en el acrónimo S-I-L-L-A-S.*

S: Conquista. Valore y agradézcale su deseo de ser conquistador en su campo de trabajo.

I: Jerarquía. Valore y agradézcale su motivación de protegerle y proveer para usted.

L: Autoridad. Valore y agradézcale su deseo de dirigir y no socave su liderazgo.

L: Discernimiento. Valore y agradézcale por su deseo de dar ideas y consejo.

A: Relación. Valore y agradézcale su deseo de que usted sea su amiga y que se pare hombro a hombro con él.

S: Sexualidad. Valore y responda a su necesidad sexual; no lo prive.

Si la esposa aplica tan solo un concepto de S-I-L-L-A-S cada día, dará pasos agigantados hacia la meta de hacer que su esposo se sienta respetado incondicionalmente.

Los dos acrónimos que se mencionan arriba no son palabras mágicas ni una fórmula que todo lo resuelve. El Ciclo Energizante

---

* Acrónimo intraducible: En inglés: C-H-A-I-R-S, formado por Conquest (Conquista); Hierarchy (Jerarquía); Authority (Autoridad); Insight (Discernimiento); Relationship (Relación) y Sexuality (Sexualidad).

trabaja únicamente si uno también lo hace. Y si ponen en práctica P-A-R-E-J-A y S-I-L-L-A-S, su matrimonio será más feliz, más fuerte, más bíblico y más honroso a Dios (vea los capítulos 7 y 8).

EL CICLO GRATIFICANTE: ALCANZANDO SU META FINAL

Saber cómo detener o aminorar la marcha del Ciclo Loco es algo bueno. Poner en práctica el Ciclo Energizante con P-A-R-E-J-A-S y S-I-L-L-A-S es mejor, pero existe otro ciclo que es sumamente importante para todas las parejas: el Ciclo Gratificante, el cual se resume de la manera siguiente:

El amor de él bendice, sin depender del respeto de ella;
El respeto de ella bendice, sin depender del amor de él.

El Ciclo Gratificante significa que Dios bendice a un esposo que ama a su esposa sin importar el nivel de respeto que ella le exprese, y que Dios bendice a una esposa que respeta a su esposo sin importar el nivel de amor que él le exprese. Estas bendiciones son las recompensas que Dios da a los que aman o respetan a su pareja a causa de su propio amor y reverencia por Cristo. Cristo es la motivación de tal acción.

Cuando se me acercan parejas que me dicen que la Conexión Amor y Respeto no está funcionando, mi consejo siempre es el mismo: No se den por vencidos. Sigan haciendo su parte porque en la economía de Dios ningún esfuerzo por obedecerle se desperdicia. Dios se propone recompensarle aun si su pareja no responde.

Cuando usted ama o respeta incondicionalmente, sin importar el resultado, está siguiendo a Dios y obedeciendo su voluntad para usted. Este es el Ciclo Gratificante. Usted no está amando a su esposa o respetando a su esposo primordialmente por lo que esto puede hacer para mejorar su matrimonio. Sí, ese será un resultado secundario maravilloso, pero su verdadero propósito es amar y reverenciar a Dios por medio de confiar y obedecer los mandamientos que le ha dado.

De hecho, el Ciclo Gratificante es tan relevante para un buen matrimonio como lo es para los matrimonios deficientes que parecen estar atorados en el Ciclo Loco. A la larga, esposos y esposas debieran poner en práctica los principios de Amor y Respeto mayormente por obediencia a Dios y al mandamiento que dio en Efesios 5.33. ¡De esto es lo que trata *Cada día con Amor y Respeto*!

≈

Nota: Los tres ciclos que hemos analizado brevemente se desarrollan con lujo de detalle en *Amor y Respeto* (Nashville, TN: Grupo Nelson, 2010). O puede leer una versión condensada de un solo capítulo en *El lenguaje de Amor y Respeto* (Nashville, TN: Grupo Nelson, 2010).

DEVOCIONALES PARA PAREJAS CASADAS: ¿ES MANDAMIENTO U OPCIÓN?

Sugerir en un libro devocional para parejas que no están bajo ninguna obligación bíblica que tengan devocionales y oren juntos casi suena contraproducente. ¿Por qué, entonces, este libro? Por dos razones:

1. Porque sinceramente deseo ayudar a las parejas a que busquen a Dios juntos en oración y escuchen de Él en su Palabra, en especial en lo referente al amor y respeto en su matrimonio.

2. Porque al mismo tiempo, deseo ayudar a las parejas que han tenido problemas para desarrollar algún tipo de vida devocional juntos. Quiero librarles de las impresiones legalistas que pudieran haber recibido a través de los años de que todas las buenas parejas cristianas leen las Escrituras y oran juntas y que si usted no lo hace, está en rebelión contra el mandamiento claro dado por Dios (o por lo menos, siendo negligente al respecto).

Si ha estado bajo este tipo de sentimientos de culpa, por favor deténgase y sálgase de debajo de ellos ahora mismo. Las Escrituras no registran ningún mandamiento específico que ordene a las parejas a leer la Biblia y orar juntas. Hay instrucciones directas dadas a *individuos* de que lean las Escrituras y oren, siendo la más conocida de ellas Mateo 6.6: «Mas tú, cuando ores, entra en tu aposento, y cerrada la puerta, ora a tu Padre que está en secreto; y tu Padre que ve en lo secreto te recompensará en público».[1]

Mateo 6.6 es uno de varios lugares en donde hay instrucciones dadas a individuos creyentes que hablen con Dios por medio de oraciones privadas. La oración individual en privado no es opcional y la observamos en las vidas de Jesús y de sus seguidores (vea Mateo 14.23, 26.36, Hechos 10.9, 10.30). Lo que *es* opcional es que las parejas tengan devocionales juntos, *pero esto por su libre voluntad*. Esta es un área de gracia. Dios ha dado a las parejas la libertad de decidir este asunto por sí mismas. La gracia significa que Dios no pretende que le adoremos, le sirvamos y nos acerquemos a Él de mala gana ni por obligación. Vea, por ejemplo, los pasajes siguientes:

- 2 Corintios 9.7: «Cada uno dé como propuso en su corazón: no con tristeza, ni por necesidad, porque Dios ama al dador alegre».
- Filemón 14: «Pero nada quise hacer sin tu consentimiento, para que tu favor no fuese como de necesidad, sino voluntario».

Así que permítame repetirlo para que quede perfectamente claro: *No* estoy diciendo que una pareja no debiera tener devocionales juntos. En realidad, con todo mi corazón les insto a que lo hagan. ¡Por eso escribí este libro! *Sí* estoy diciendo que tener devocionales es decisión de cada pareja según sus propias circunstancias y según la guía que reciban del Señor. Eso es lo que deduzco del silencio que vemos en la Biblia en cuanto al tema de devocionales para parejas casadas.

El Señor sabía que surgirían cuestiones de calendarios y llamados que dificultarían a algunas parejas añadir devocionales juntos a sus devocionales privados. Por ejemplo, pienso en el evangelista del primer siglo que se iba de viaje del hogar y no oraba con su esposa diariamente. Dios permite a las parejas la libertad y flexibilidad de entrar en oración matrimonial si pueden, pero las circunstancias y el servicio pueden exigir otra cosa.

Usted se preguntará cómo puedo estar tan seguro que las Escrituras no manden que los esposos y esposas tengan devocionales juntos, diariamente de preferencia. Por años en el pastorado enseñé a las parejas precisamente eso, pero cuanto más estudiaba la Palabra para obtener confirmación real de este concepto tan aparentemente agradable y cómodo, más tuve que enfrentar lo que las Escrituras y la historia de la iglesia realmente tenían que decir.

Esto es lo que hallé. En el primer siglo las parejas no tenían copias de las Escrituras. Los creyentes de la iglesia primitiva no tenían los pergaminos en los cuales se habían escrito los textos sagrados. Solo podían escuchar la lectura pública de los mismos. Por ejemplo, en la sinagoga escuchaban a Moisés, leían de un pergamino en particular (Hechos 13.27, 2 Corintios 3.15), o en las iglesias se congregaban a escuchar la lectura de las cartas de Pablo a las iglesias (Colosenses 4.16, 1 Tesalonicenses 5.27, 1 Timoteo 4.13). Y era en estas situaciones colectivas que se esperaba que los individuos dejaran que «la palabra de Cristo more en abundancia en vosotros» (Colosenses 3.16) y, como exhorta Pablo en Efesios 5.19, «hablando entre vosotros con salmos, con himnos y cánticos espirituales» (Efesios 5.19).

Observe que justo después de Efesios 5.19 Pablo empieza a hablar específicamente del matrimonio (Efesios 5.22–33). Como es de un vasto conocimiento, existen muchas verdades ricas en este pasaje con referencia al matrimonio, a Cristo y a su iglesia, y al amor y al respeto. Sobre la base de estas verdades del matrimonio, no es difícil imaginar una escena en la cual el esposo y la esposa, regresando de una reunión de adoración de creyentes, compartían el uno con el otro lo que habían aprendido ese día en la iglesia, donde se predicó la Palabra de Dios. Pero no hay mandamiento específico en Efesios 5.22–33 que mande que tengan devocionales juntos.

En cuanto a orar juntos, no hallamos instrucciones específicas dadas a esposos y esposas que oren juntos como pareja durante sus devocionales diarios. El silencio en cuanto a este tema me parece extraño, ya que uno pensaría que Pablo haría un énfasis fuerte en decir a las parejas que oraran juntos, en lugar de dar su consejo en asuntos tales como las relaciones sexuales (vea, por ejemplo, 1 Corintios 7.1–4). ¿Pero qué hay de 1 Corintios 7.5–6?: «No os neguéis el uno al otro, a no ser por algún tiempo de mutuo consentimiento, para ocuparos sosegadamente en la oración; y volved a juntaros en uno, para que no os tiente Satanás a causa de vuestra incontinencia. Mas esto digo por vía de concesión, no por mandamiento». Por años, yo enseñaba que este pasaje significaba que las parejas debían orar juntas mientras se abstenían de las relaciones sexuales. Sin embargo, al reflexionar sobre ello de modo más profundo, me percaté de que Pablo bien podía estar recomendando que se separaran con el propósito de orar, pero que no permanecieran separados por mucho tiempo para que Satanás no les tentara sexualmente por su falta de autocontrol. Tal vez Pablo quería decir que las parejas oraran juntos, pero que no tuvieran relaciones sexuales juntas, pero no hay manera de ser dogmático en cuanto a lo que él se proponía decir. Tuve que retractarme de la manera que solía aplicar este texto a las parejas. No podía usarlo para decir: «Así ha dicho el Señor: oren juntos como esposo y esposa durante sus devocionales diarios juntos».[2]

¿Pero qué podemos decir de 1 Pedro 3.7? Pedro instruye a los esposos a vivir sabiamente con sus esposas a fin de que sus oraciones no sean estorbadas. La interpretación principal que muchos comentaristas ofrecen indica que Pedro se refiere a que las oraciones del esposo se ven estorbadas, pero algunos estudiosos opinan que el pasaje se refiere a una pareja que tiene luchas en su matrimonio y hallan que sus oraciones como pareja están siendo estorbadas. Por un tiempo, opté por usar esta segunda opción y animaba a las parejas a mantener su relación al día para que pudieran orar juntos. Pero cuanto más estudiaba y enseñaba sobre 1 Pedro 3.7, más vi que no hay forma de estar seguro de que podía declarar con unción: «Así ha dicho el Señor: mantengan su matrimonio en buen orden para que puedan orar juntos». Creo que eso es cierto, pero no puedo anunciar eso basándome en este texto. Empecé a enseñar lo que hoy enseño: que ese pasaje se refiere a la vida de oración privada del esposo. Pedro está diciendo al esposo que atesore a su esposa y la trate con estima como parte de mantener la eficacia de su vida de oración delante de Dios.

Después de haber dicho todo esto, debo apresurarme a añadir que la Biblia da mucho más que una implicación de que debiéramos orar juntos en ciertas ocasiones. Por ejemplo, en las Escrituras vemos a los creyentes reuniéndose con otros creyentes a orar (Hechos 1.14, 2.1, 42, 46, 4.24-31, 6.4). Seguramente en estas situaciones había esposos y esposas orando juntos y con otros creyentes.

Observe, además, que no es necesario que se congregue un grupo grande de más de cien personas, ni tampoco un grupo pequeño de una docena de individuos, más o menos. Jesús enseña que basta con que dos personas estén de acuerdo y Él actúa: «Porque donde están dos o tres congregados en mi nombre, allí estoy yo en medio de ellos» (Mateo 18.20). Comprendo que el contexto de este ampliamente conocido pasaje se refiere a instrucciones para la aplicación de disciplina en la iglesia, pero creo que Jesús también está enseñando a la iglesia el principio de orar juntos en su nombre. Todo esposo y esposa puede sentirse animado a actuar sobre la base de este principio, sabiendo que dos personas que oran —tan solo dos— pueden hacer una diferencia enorme en el reino de Dios.

Otro buen ejemplo es Efesios 6.18: «Orando en todo tiempo con toda oración y súplica en el Espíritu, y velando en ello con toda perseverancia y súplica por todos los santos». Seguramente la referencia de Pablo incluye a esposos y esposas creyentes, en particular sabiendo que él acababa de darle a la iglesia sus palabras finales en cuanto al matrimonio apenas unos párrafos antes en Efesios 5.22-33. En Efesios 6.18 Pablo podría estar hablando de oraciones de individuos u oraciones de una congregación, pero no creo que Pablo esté diciendo: «Esto no se aplica a las parejas de casados. Que no se les ocurra a los esposos orar con sus esposas por los santos. O mantienen este asunto en privado o lo mantienen en la iglesia, ¡pero de ninguna manera quiero que los matrimonios oren por estas cosas!»

Estoy seguro que ha captado que estoy usando un tono sarcástico para establecer el punto de que Dios quiere que las parejas oren juntas por varias razones. Pero mi punto original permanece inalterado: *no existe mandamiento directo en las Escrituras que exija a las parejas que oren juntas para fines del devocional.* ¿Dónde nos deja esto? Creo que tenemos libertad de tomar una decisión inteligente basada sobre lo que nos parece mejor para la presente época de nuestro matrimonio. Si usted y su esposa hallan que es el momento oportuno de hacer un esfuerzo coordinado por leer las Escrituras y orar juntos, le invitamos a unirse a Sarah y a mí en desarrollar estos cincuenta y dos devocionales juntos. Esto lo hacemos no porque sea una obligación, sino porque queremos buscar a Dios como pareja de manera regular en un período determinado de nuestras vidas.

Lo que «de manera regular» significa con exactitud es decisión suya. Usted posiblemente ya ha visto nuestro esquema sugerido de un capítulo por semana en «Opciones para emplear este libro bajo sus propios términos» (página xix), pero esto solo es una sugerencia. Usted puede adaptarlo o ignorarlo por completo. Como dije, mi meta es ayudarle a desarrollar una manera en la cual pueda tener devocionales de alguna manera, según lo que Dios parezca estarle diciendo. Tal vez esto signifique emplear los capítulos de este libro de modo individual y hacer poco o nada juntos. Pero podrá haber veces en las cuales desee compartir lo que ha aprendido y quizás orar juntos. Cada pareja se encuentra en un punto diferente del espectro, desde las que no tienen problema alguno para llevar a cabo devocionales juntos y lo hacen con comodidad y mucho beneficio, hasta las que tienen luchas de mayor o menor grado, o las que tienen calendarios y compromisos que no les permiten hacer esto en este momento.

Y también está el caso de las parejas en las cuales un cónyuge desea tener los devocionales pero el otro no. Mi consejo para el que desea tener los devocionales es calmarse. No puede y no debe tratar de obligar a otra persona a que ore con usted y estudie un pasaje bíblico con usted. Haga estos devocionales por su cuenta. Obedezca la enseñanza de Jesús de orar en su aposento a Abba, Padre. Medite sobre lo que Dios le revele, viva hasta donde le sea posible su parte de la Conexión Amor y Respeto y deje que Dios se encargue del resto.

Una cosa más: a Sarah y a mí nos encantaría saber de usted. Cuando Dios le hable a través de alguno de los devocionales, ya sea a los dos como pareja o a uno de ustedes, cuéntenos lo que le ha revelado. Escríbanos a devotionals@loveandrespect.com y compartiremos sus ideas. ¡Juntos podemos inspirarnos y alentarnos unos a otros!

PARA AYUDA EN CUANTO A PREGUNTAS O PROBLEMAS
DE CARÁCTER SEXUAL:

www.enfoquealafamilia.com (Focus on the Family)

PARA AYUDA EN CUANTO AL MANEJO DE LAS
FINANZAS:

www.daveramsey.com (Financial Peace)
http://conceptosfinancieros.org (Conceptos Financieros Crown)

NOTAS

CAPÍTULO 13: LOS QUE ORAN UNIDOS APRENDEN A AMARSE Y RESPETARSE UNIDOS

1. Si bien el panorama de sí/no/espera es cierto, los ateos y escépticos podrían alegar que: «Una de estas tres alternativas siempre sucederá por la ley de las probabilidades, de modo que esto no es prueba de nada más allá de que si uno lanza una moneda, obtendrá cara el cincuenta por ciento de las veces». A eso respondo: Su duda es razonable. No obstante, la persona que escoge seguir a Cristo toma la decisión de poner su confianza en el Señor resucitado y ascendido que le ha invitado a ello. Oramos porque creemos que Jesucristo está vivo y nos escucha, aun si la respuesta pareciera ser que no. En Mateo 7.7, Jesús dijo: «Pedid, y se os dará; buscad, y hallaréis; llamad, y se os abrirá». Después de esto dijo algo maravilloso en 7.9-11: «¿Qué hombre hay de vosotros, que si su hijo le pide pan, le dará una piedra? ¿O si le pide un pescado, le dará una serpiente? Pues si vosotros, siendo malos, sabéis dar buenas dádivas a vuestros hijos, ¿cuánto más vuestro Padre que está en los cielos dará buenas cosas a los que le pidan?» En pocas palabras, Jesús ignoraría la duda sobre las probabilidades y nos instruiría a confiar en la bondad del Padre en la respuesta a nuestra petición conforme a su voluntad soberana y perfecta. Para Sarah y para mí, no es asunto de «echar los dados», sino» de confiar en Dios como nuestro Padre, y el Padre sabe lo que es mejor.

CAPÍTULO 15: DECIR LA VERDAD... NO SIEMPRE ES FÁCIL

1. Cuando Pablo nos dice que debemos decir la verdad a nuestro prójimo, está añadiendo un énfasis santo del Antiguo Testamento por medio de citar Zacarías 8.16. Zacarías fue profeta para los judíos que habían regresado del exilio en Babilonia para reconstruir el templo, y les detalló cómo podrían llegar a conocer la bendición de Dios: «Estas son las cosas que habéis de hacer: Hablad verdad cada cual con su prójimo; juzgad según la verdad y lo conducente a la paz en vuestras puertas». Tanto en el Antiguo Testamento como en el Nuevo, Dios pone un valor especial a decir la verdad, toda la verdad y nada más que la verdad.

CAPÍTULO 16: LOS SENTIMIENTOS NO SON HECHOS; DISCIÉRNALOS

1. James Strong, S.T.D. LL.D. *Diccionario Strong de palabras hebreas y arameas del Antiguo Testamento y su traducción en la Versión Reina Valera 1960*, en *Complemento de la Concordancia de la Biblia Strong Concisa* (Nashville: Grupo Nelson, 2012), H4194: "muerte (nat. o violenta); concr. muerto(s), su lugar o estado (hades); fig., pestilencia, ruina.

CAPÍTULO 18: JOHN WOODEN: UN LEGADO DE AMOR Y RESPETO PARA LAS EDADES

1. Steve Jamison, "The Joy of the Journey", The Journey, The Official Site of Coach John Wooden, www.coachwooden.com/index2.html (accedido 5 junio 2011).
2. "Woodenisms", Bill Walton.com, www.billwalton.com/woodenisms (accedido 5 junio 2011).
3. Greg Asimakoupoulos, "Remembering a Life Well Lived", The Amy Foundation, http://www.amyfound.org/index.html.
4. Ibíd.
5. Ibíd.
6. "Woodenisms", Bill Walton.com.
7. Asimakoupoulos, "Remembering a Life Well Lived".

CAPÍTULO 35: SÍ SE TRATA DE MÍ, DESPUÉS DE TODO

1. El posmodernismo sostiene una relación cercana con el pensamiento de la Nueva Era, el cual postula que hallamos a «Dios» en nuestro propio interior, y que no hay Creador que provea salvación. Consulte Jim Leffel y Dennis McCallum, "The Postmodern Impact: Religion", cap. 12 en *The Death of Truth*, ed. Dennis McCallum (Minneapolis: Bethany House, 1996).
2. Referido por Charles Colson, "Marriage as Therapy or Covenant?" *BreakPoint*, 11 junio 2010.

Capítulo 37: Para vencer el pasado, enfóquese en la recompensa

1. "New York Giants Head Coach: Tom Coughlin", NFL.com, www.nfl. com/teams/coaches?coaType=head&team=NYG (accedido 6 junio 11).

Capítulo 45: ¿Qué tan positivos son el uno con el otro?

1. Para tener el contexto completo de Filipenses 4.8–9, regrese a los versículos 6–7. Pablo nos instruye a llevar todo delante de Dios que nos da paz que sobrepasa todo entendimiento. Con este tipo de paz y seguridad, podemos pensar de la manera que nos indica en los versículos 8–9.
2. Esta historia, usada con permiso, fue compartida con el autor por Norm y Bobbe Evans, líderes de Pro Athletes Outreach, grupo organizado hace más de cuarenta años con el fin de evangelizar y discipular a jugadores profesionales de fútbol americano y baloncesto. Norm (presidente), Bobbe (directora ejecutiva) y su personal buscan ayudar a profesionales, entrenadores y a sus familias a sacarle el máximo provecho a sus esferas de influencia, a comunicar su fe en Dios a través de Jesucristo con eficacia y a fortalecer sus relaciones personales, matrimonios, labor de padres de familia, finanzas y fe.

Capítulo 46: ¿Ha jugado el juego de culpar al otro?

1. Cita compartida personalmente con el autor y utilizada con permiso por Barb Whitehead, que jugó en la gira de la LPGA de 1984 a 2002. Ella calificó para esta gira en su segundo intento, luego de haber competido para la Universidad de Tulsa y para Iowa State, en donde obtuvo el galardón de All-American en su primer año. Como jugadora se dio a conocer con su nombre de soltera, Barb Thomas, hasta 1996, cuando contrajo matrimonio con Trent Whitehead, quien posteriormente fuera su caddie de 2000 a 2002. En 1995 anotó su única victoria en la gira, el Torneo Cup of Noodles Hawaiian Open, en donde anotó una ronda con 66 tiros, la anotación más baja de su carrera. Barb logró cinco veces anotar un «hoyo en uno» en competencias de la gira, incluyendo dos vedes en 1998. Los Whitehead tienen dos hijas, Sarah Ellen, nacida en 1999 y Emma Grace, nacida en 2001.

CAPÍTULO 52: CUANDO YA TODO ESTÁ DICHO Y HECHO

1. Esta bendición personal sobre todos los que practican el amor y respeto en su matrimonio se basa en Hebreos 13.21–22, con paráfrasis por el autor y de *The Message* de Eugene Peterson.

APÉNDICE A: PREGUNTAS PARA DISCUSIÓN DE LOS CAPÍTULOS 1–52

1. "Woodenisms," Bill Walton.com, www.billwalton.com/woodenisms (accedido 5 junio 11).

APÉNDICE C: DEVOCIONALES PARA PAREJAS CASADAS: ¿ES MANDAMIENTO U OPCIÓN?

1. Para ver toda la enseñanza de Jesús en cuanto a la oración en la escena de Mateo 6, vea los versículos 5–13. Es interesante que en los versículos 5 y 7 el pronombre griego que se traduce «vosotros» está en plural. Solamente en el versículo 6 el pronombre aparece en singular, para hacer énfasis sobre la oración privada a Dios. Observe también que Jesús continúa enseñando a sus discípulos lo que comúnmente se conoce como el Padre Nuestro, en el cual todos los pronombres aparecen en plural debido a la naturaleza de la oración en congregación. Una pareja de casados puede repetir el Padre Nuestro si así lo desea, pero el pasaje no les está dando el mandamiento de tener devocionales juntos.
2. Todo esto no dice que las Escrituras no registran ejemplos de parejas que oraron unos por otros. Vea, por ejemplo, a Isaac orando por Rebeca debido a su esterilidad (Génesis 25.21), y a un ángel del Señor haciendo referencia a las oraciones de Zacarías por Elisabet, a causa de que ella no podía tener hijos por su edad avanzada (Lucas 1.5–14).

ACERCA DEL AUTOR

E l doctor Emerson Eggerichs es un experto internacionalmen-
te reconocido sobre las relaciones entre hombres y mujeres.
Es autor de varios libros, incluso el *best seller* nacional *Amor
y Respeto*, el cual ha vendido más de 1.3 millones de ejemplares.
Emerson y su esposa Sarah dictan Conferencias de Amor y Respeto
tanto en vivo como por video a más de 50,000 personas por año,
incluyendo sesiones con miembros de la NFL, PGA y del congreso
de Estados Unidos.

Antes de lanzar su ministerio, el doctor Eggerichs fue el pastor
principal de la Trinity Church en Lansing, Michigan, por diecinueve años. Ha obtenido posgrados de Wheaton College y Dubuque
Seminary, al igual que un doctorado de Michigan State University.

Emerson y Sarah contrajeron matrimonio en 1973, viven en
Grand Rapids, Michigan y tienen tres hijos adultos. Emerson es
fundador y presidente de Ministerios Amor y Respeto.

DÓNDE OBTENER AYUDA
CON LOS PROBLEMAS
SEXUALES O FINANCIEROS

L as organizaciones que se mencionan son fuentes de confianza para ayudar con problemas persistentes o preguntas en cuanto al sexo o las finanzas. Estas organizaciones podrían referirle a consejeros o terapistas en su localidad con quienes cooperan, o podrían aconsejarse por Internet o por teléfono. Además, recuerde que su pastor o iglesia local puede tener recomendaciones en cuanto a recursos relacionados con las finanzas o ajustes sexuales.